Peace of Mind
BIBLE
WORD SEARCH

NAMES OF JESUS

LINDA PETERS

Good Books
New York, New York

Good Books books may be purchased in bulk at special discounts for sales promotion, corporate gifts, fund-raising, or educational purposes. Special editions can also be created to specifications. For details, contact the Special Sales Department, Good Books, 307 West 36th Street, 11th Floor, New York, NY 10018 or info@skyhorsepublishing.com.

Good Books is an imprint of Skyhorse Publishing, Inc.®, a Delaware corporation.

Visit our website at www.goodbooks.com.

10 9 8 7 6 5 4 3 2 1

Library of Congress Cataloging-in-Publication Data is available on file.

Cover design by Joanna Williams
Cover image used under license from Shutterstock.com

Print ISBN: 978-1-68099-746-0

Printed in China

Peace of Mind

BIBLE
WORD SEARCH

NAMES OF JESUS

SHILOH
Genesis 49:10

```
T G M E B W L O K Y B
L N T L R I J E T E D
N I M R T T L U T N S
R R M N A P P W D H U
P E U Y O P E E A A Y
J H V E R E E L C D H
T T P I N M L D V S R
E A C Y G H O L I H S
E G O B R W Q L L M G
F Y M W B M A N W D N
B Q E Z V Z Q L P M Z
```

The *sceptre* *shall* not *depart* from *Judah*, nor a *lawgiver* from *between* his *feet*, *until* Shiloh *come*; and *unto* him shall the *gathering* of the *people* be.

SCEPTRE	UNTIL
SHALL	SHILOH
DEPART	COME
JUDAH	UNTO
LAWGIVER	GATHERING
BETWEEN	PEOPLE
FEET	

DAVID'S OFFSPRING
2 Samuel 7:12-13

```
A V K M N R M J P F J D P
G N R B A D L I U B N G D
N D C I H S I L B A T S E
I F S E D C F R M L K P P
R E O A S I O O L E M K L
P Y Y R L T D M N J M B L
S S D L E G O O E S U O H
F Q E O N V R R A F T E R
F D L I B H E R S N A M E
O Y K Z T T N R P L Q G T
```

When your days are fulfilled and you lie down with your ancestors, I will raise up your offspring after you, who shall come forth from your body, and I will establish his kingdom. He shall build a house for my name, and I will establish the throne of his kingdom forever.

DAYS	ESTABLISH
FULFILLED	KINGDOM
ANCESTORS	BUILD
RAISE	HOUSE
OFFSPRING	NAME
AFTER	THRONE
COME	FOREVER
BODY	

REDEEMER
Job 19:25-27

```
E R Y E A R N S D
D N E K A T G E L
Z I D D N R Y O K
H K G T E O T R D
S S G L R E W H E
E T T I A M Y D
L O S A Z V E E B
F E W D N S E H R
D R K N Q D W S L
```

I know that my redeemer lives,
and that in the end he will stand on the
   earth.
And after my skin has been destroyed,
yet in my flesh I will see God;
I myself will see him
with my own eyes—I, and not another.
How my heart yearns within me!

KNOW
REDEEMER
LIVES
END
STAND
EARTH
SKIN

DESTROYED
FLESH
GOD
OWN
EYES
HEART
YEARNS

THE CORNERSTONE
Psalm 118:22-24

```
J Q R L M L P R R Q N N M V
L P Y S X N G E W R N W R K
X Y I E P D J X L Z B P Q P
M H M N L E R E J O I C E L
T D M O C U R T B L R L Y L
M J L T T P F B T Y D D L M
A X E S Z B S R E D L I U B
D D B R B M T D E E W N V Y
E P Z E D L A N M D O W J D
Z J Z N B L G O L W N Y M B
J Z P R G J C N B Y A O L X
V R L O Q E M L I D Z P W N
T N M C B T Q V M O Z Z N K
T Q M V D D D W Z Q V D M N J
```

The stone that the <u>builders</u> <u>rejected</u>
has <u>now</u> <u>become</u> the <u>cornerstone</u>.
<u>This</u> is the LORD's <u>doing</u>,
and it is <u>wonderful</u> to see.
This is the <u>day</u> the <u>LORD</u> has <u>made</u>.
We <u>will</u> <u>rejoice</u> and be <u>glad</u> in it.

BUILDERS	WONDERFUL
REJECTED	DAY
NOW	LORD
BECOME	MADE
CORNERSTONE	WILL
THIS	REJOICE
DOING	GLAD

THE BRANCH OF THE LORD
Isaiah 4:2

```
B S U R V I V O R S
I E V B M D G Z S Q
S F A L R L N U Q B
R R T U O A O A D P
A U D R T I N P L Y
E I Y H R I R C D X
L T A O Y I F R H G
R T L N D A O U D M
B G T E N L D J L D
```

In that day the Branch of the LORD will be beautiful and glorious, and the fruit of the land will be the pride and glory of the survivors in Israel.

THAT

DAY

BRANCH

LORD

BEAUTIFUL

GLORIOUS

FRUIT

LAND

PRIDE

GLORY

SURVIVORS

ISRAEL

IMMANUEL
Isaiah 7:14

```
D I L V S I G N H G T
L E M W I T H I N N K
I W V M G R M K O O L
H X Q I A S G C A L L
C S V H E N R I Y J W
D E N L T C U R N V W
S R F A D R N E W L D
O L O O E Q I O L T B
N B G L J M R B C V P
```

"All right then, the LORD himself will give you the sign. Look! The virgin will conceive a child! She will give birth to a son and will call him Immanuel (which means 'God is with us')."

LORD	BIRTH
HIMSELF	SON
GIVE	CALL
SIGN	IMMANUEL
LOOK	MEANS
VIRGIN	GOD
CONCEIVE	WITH
CHILD	

GREAT LIGHT
Isaiah 9:2-3a

```
K R Q Z K L N Z D K R D
D V J T I D N A B T S Z
M Z T V D B E X T S X B
D U E P E Z D N E I R Z
E D L X E D D N I V O G
S J Q T P L K E R H R N
A K V T I R P M K E S Z
E L N J A P R O A L L J
R M P D Z T L T E I A W
C D N A L Y Q I G P K W
N D G Y M O D H E X P N
I T Y D K J T L Z D G Y
```

The <u>people</u> who <u>walked</u> in <u>darkness</u>
have seen a <u>great</u> <u>light</u>;
those who <u>lived</u> in a <u>land</u> of <u>deep</u>
   darkness—
on them light has <u>shined</u>.
You have <u>multiplied</u> the <u>nation</u>,
you have <u>increased</u> its <u>joy</u>.

PEOPLE	DEEP
WALKED	SHINED
DARKNESS	MULTIPLIED
GREAT	NATION
LIGHT	INCREASED
LIVED	JOY
LAND	

PRINCE OF PEACE
Isaiah 9:6

```
E T N E M N R E V O G
J V G I V E N E L N C
S C E C A E P U S O M
F H W R S Y F D U T T
A I O O L R T N O E V
T L N U E A S H C G C
H D T D L E S N G A W
E Z N N L D I T L I V
R O R O M R E L I B M
W O R N P Y E R B N D
B B T N X D J D S Y G
```

For a <u>child</u> is <u>born</u> to us,
a <u>son</u> is <u>given</u> to us.
The <u>government</u> will <u>rest</u> on his
   <u>shoulders</u>.
And he will be <u>called</u>:
<u>Wonderful</u> <u>Counselor</u>, <u>Mighty</u> <u>God</u>,
<u>Everlasting</u> <u>Father</u>, <u>Prince</u> of <u>Peace</u>.

CHILD	WONDERFUL
BORN	COUNSELOR
SON	MIGHTY
GIVEN	GOD
GOVERNMENT	EVERLASTING
REST	FATHER
SHOULDERS	PRINCE
CALLED	PEACE

ROOT OF JESSE
Isaiah 11:10

```
D  W  E  L  L  I  N  G  S  Y  L  D  P
W  L  L  A  H  S  D  V  T  L  Z  T  Q
R  I  D  S  B  Y  N  D  A  G  T  J  J
S  K  N  M  I  A  R  S  N  Z  J  E  V
T  U  D  Q  T  G  E  O  D  L  S  N  L
H  D  O  I  U  L  N  N  O  S  R  K  X
A  N  O  I  P  I  R  A  E  T  M  T  N
T  N  Q  O  R  R  R  L  L  V  V  V  N
S  B  E  N  L  O  R  E  D  Y  Y  L  R
Q  P  P  B  V  J  L  J  M  M  A  N  Z
K  D  B  X  V  M  L  G  Y  Q  B  D  J
```

On _that_ _day_ the _root_ of _Jesse_ _shall_ _stand_ as a _signal_ to the _peoples_; the _nations_ shall _inquire_ of him, and his _dwelling_ shall be _glorious_.

THAT	SIGNAL
DAY	PEOPLES
ROOT	NATIONS
JESSE	INQUIRE
SHALL	DWELLING
STAND	GLORIOUS

SOVEREIGN LORD
Isaiah 25:7-8a

```
M S R A E T D L B L M X
O D J J W Z R D T X V M
U S E N C O V E R S Q M
N E S S N V L F Z S L E
T L L O T A O L D X P J
A P T Y V R T L A I K D
I O T T E E O I W W U V
N E S V E F R Y O O S D
Q P E X N E L E R N E N
L R C E W O H H I A S T
M N A Y R B S S T G N B
Q N F D R M D H K R N G
```

On this <u>mountain</u> he will <u>destroy</u>
the <u>shroud</u> that <u>enfolds</u> all <u>peoples</u>,
the <u>sheet</u> that <u>covers</u> all <u>nations</u>;
he will <u>swallow</u> up <u>death</u> <u>forever</u>.
The <u>Sovereign</u> <u>LORD</u> will <u>wipe</u> away
   the <u>tears</u>
from all <u>faces</u>.

MOUNTAIN	SWALLOW
DESTROY	DEATH
SHROUD	FOREVER
ENFOLDS	SOVEREIGN
PEOPLES	LORD
SHEET	WIPE
COVERS	TEARS
NATIONS	FACES

THE GLORY OF THE LORD
Isaiah 40:5

```
Q X P Q G J M R M
R E V E A L E D N
A L L N O H O E X
B Z E D T P K R E
Z H R E W O L E Y
T O G X P I S E J
L O N S P B L T R
T W K B R D D L Y
```

"Then the glory of the LORD will be revealed,
and all people will see it together.
The LORD has spoken!"

THEN	ALL
GLORY	PEOPLE
LORD	SEE
WILL	TOGETHER
REVEALED	SPOKEN

HOLY ONE OF ISRAEL
Isaiah 41:14

```
D W O R M S W R
I E N L P O E R
S W C L O M N R
R J E L E R A E
A H A E A E D Y
E M D C F R L V
L E N G O O E Q
R N N V H B W S
```

Fear not, you worm Jacob,
you men of Israel!
I am the one who helps you, declares
  the LORD;
Your Redeemer is the Holy One of Israel.

FEAR

WORM

JACOB

MEN

HELPS

DECLARES

LORD

REDEEMER

HOLY

ONE

ISRAEL

THE ELECT OF GOD
Isaiah 42:1

```
U T I R I P S M S J
P W N D M F U E M S
H P Z E O I L P E W
O P Y R M I N R O D
L B T M T G V E E N
D H E N B A D L M E
D S E H N R I U L T
M G O T O G I E J L
Z Y T U H L C N J D
W Y N T L T D V G G
```

Behold my servant, whom I uphold; mine elect, in whom my soul delighteth; I have put my spirit upon him: he shall bring forth judgment to the Gentiles.

BEHOLD	SPIRIT
SERVANT	UPON
UPHOLD	BRING
MINE	FORTH
ELECT	JUDGMENT
SOUL	GENTILES
DELIGHT	

THE ARM OF THE LORD
Isaiah 53:1-2

```
M J B Q G R O U N D K W R Z
Y Y V V D L Y Y T R D L P P
T L G M W P B L N Y B M F L
U Y O T A D L D A K P O M D
A L J R Y J E A J R R P E D
E Z Y V D L E P N M M V D N
B G L J A K D S L T E W M D
D V T E P J L O T I N B E T
M R V G N U O Y L Y T S K L
D E A L R K M E M K I O B B
R Z T E N E B R Z R Z Z O L
L X D B H X W M E K K K R R
```

Who has <u>believed</u> what he has <u>heard</u>
from us?
And to whom has the <u>arm</u> of the <u>LORD</u>
been <u>revealed</u>?
For he <u>grew</u> up before him like a
<u>young</u> <u>plant</u>,
and like a <u>root</u> out of dry <u>ground</u>;
he had no <u>form</u> or <u>majesty</u> that we
should <u>look</u> at him,
and no <u>beauty</u> that we should
<u>desire</u> him.

BELIEVED	ROOT
HEARD	GROUND
ARM	FORM
LORD	MAJESTY
REVEALED	LOOK
GREW	BEAUTY
YOUNG	DESIRE
PLANT	

A MAN OF SUFFERING
Isaiah 53:3

```
S Q F N   J M L D   L D
V U I A   S X E Q   E B
E A F E   M T W S   L Q
P S C F   C I I H   E G
G A T E   E P L L   O E
F Q J E   S R P I   D M
J E J E   E O I I   A W
R L D Y   E M H N   W R
Q O M P   M D A K   G R
P W K B   Q M Q R   Z D
```

He was <u>despised</u> and <u>rejected</u> by
   mankind,
a <u>man</u> of <u>suffering</u>, and <u>familiar</u>
   with <u>pain</u>.
Like one from <u>whom</u> <u>people</u> <u>hide</u>
   their <u>faces</u>
he was despised, and we held him in
   <u>low</u> <u>esteem</u>.

DESPISED	WHOM
REJECTED	PEOPLE
MAN	HIDE
SUFFERING	FACES
FAMILIAR	LOW
PAIN	ESTEEM

THE MIGHTY ONE OF ISRAEL
Isaiah 60:16b, 17b

```
S S E N S U O E T H G I R
I Q J D Y L T R D M Y X Q
L S X M N L E Z N R Y T N
M M R R Z M L Y Y N O D L
J I X A E R O I V A S L X
Q X G E E L B Q O K E W V
N P D H L L U N R A O E L
R E L Q T A E R D N K Z Y
R A D T Y Y S E K A D K P
L C R J D R R T M Q R M P
L E J Q V V N K K R L X N
```

You will <u>know</u> at <u>last</u> that I,
the <u>LORD</u>,
am your <u>Savior</u> and your
<u>Redeemer</u>,
the <u>Mighty</u> <u>One</u> of <u>Israel</u>.
I will <u>make</u> peace your <u>leader</u>
and <u>righteousness</u> your <u>ruler</u>.

KNOW	ISRAEL
LAST	MAKE
LORD	PEACE
SAVIOR	LEADER
REDEEMER	RIGHTEOUSNESS
MIGHTY	RULER
ONE	

EVERLASTING LIGHT
Isaiah 60:19

```
W N N J L L I W L G J D
D Q M D B X T D Q X G B
O M L O Y P T T L N R Z
G M R N R B W T I I X L
L S H I N E T T G B Y M
N N Q R J R S H Z B D N
Z V U N V A T Y G N W J
R O Y W L N L Y R I Q T
Y A Z R E M G O M O L B
D G E S O S U N R L L N
K V S O X R M R R D R G
E T N L P Q R K Z P M V
```

*The <u>sun</u> <u>will</u> no <u>more</u> be your light
by <u>day</u>,
nor will the <u>brightness</u> of the <u>moon</u>
<u>shine</u> on you,
for the <u>LORD</u> will be <u>your</u> everlasting
<u>light</u>,
and your <u>God</u> will be your <u>glory</u>.*

SUN	LORD
WILL	YOUR
MORE	EVERLASTING
DAY	LIGHT
BRIGHTNESS	GOD
MOON	GLORY
SHINE	

THE RIGHTEOUS BRANCH OF DAVID
Jeremiah 23:5

```
M T T G D G T Y T B G K L D
L T J D N N P V L O R D T B
D V G D N N P G N E W L Q R
E T U C E X E M J R S Y Z Y
H L L Q L S B U K R L I W M
C G Z R I D S D B E E L W S
N S N A N T Y Z R N A I U Q
A Y R I I G D U K E M O G Y
R A L C M D S I D R E X R N
B D E K W O N R V T P T M T
N X D J L G C J H A D T R N
D G J L A W W G D L D Y D K
Y M J D N D I J M D D P T L
V L Q B D R Z K P V V L Y Y
```

*The days are surely coming, says the
LORD, when I will raise up for David a
righteous Branch, and he shall reign as
king and deal wisely, and shall execute
justice and righteousness in the land.*

DAYS	REIGN
SURELY	KING
COMING	DEAL
LORD	WISELY
RAISE	EXECUTE
DAVID	JUSTICE
RIGHTEOUS	LAND
BRANCH	

THE LORD IS OUR RIGHTEOUSNESS
Jeremiah 23:6

```
I Q D J Z Y Y P L J B D X Z
S S E N S U O E T H G I R T
R J V Q Z Y B M C T L V V Y
A M A Z D J C I L P R Q L L
E R S T W A H Z L O L W D Z
L Y G W L W Y J D W R M X L
W J T L D N R D U D T D J M
N Q E E W A N T Y D M Y B P
N D R X F G Y J B D A Z P E
T K Y T R A B S W E M H V Z
N X B R T Q S K R I M I B W
Y M L M R K V V Q Z L A W G
B J L M X D Z M L B L L N Z
```

In his <u>days</u> <u>Judah</u> <u>will</u> be <u>saved</u> and <u>Israel</u> will <u>live</u> in <u>safety</u>. And this is the <u>name</u> by <u>which</u> he will be <u>called</u>: "The <u>LORD</u> is our <u>righteousness</u>."

DAYS	SAFETY
JUDAH	NAME
WILL	WHICH
SAVED	CALLED
ISRAEL	LORD
LIVE	RIGHTEOUSNESS

THE ANOINTED ONE
Daniel 9:25

```
U N D E R S T A N D
J R E S H C N E R T
E E T N T Y W U M D
R S N R O R L O L J
U T I B O E E I N S
S O O S R U U E E K
A R N Y E B B V T W
L E A M E M E L O S
E T I R Y N O R E B
M T L Y S K D C M X
```

"*Know* and *understand* this: From the *time* the *word* goes out to *restore* and *rebuild* *Jerusalem* until the *Anointed* *One*, the *ruler*, *comes*, there will be seven '*sevens*,' and sixty-two 'sevens.' It will be rebuilt with *streets* and a *trench*, but in times of *trouble*."

KNOW	ONE
UNDERSTAND	RULER
TIME	COMES
WORD	SEVENS
RESTORE	STREETS
REBUILD	TRENCH
JERUSALEM	TROUBLE
ANOINTED	

RULER OF ISRAEL
Micah 5:2

```
L H K S A Y D T M J L Z N
I Q A M N I M E L P O E P
T S O H S I H Q D B Z L Q
E N R T T E G B E H A L F
G G A A L A N I J E M O C
P N A H E S R U R R T L P
T A T L M L D H E O D L V
T E S A L A W L P Y L N O
B M L T H I U M J E L M J
N L W W V R V Q L N N Y D
```

But you, O <u>Bethlehem</u> <u>Ephrathah</u>,
are <u>only</u> a <u>small</u> <u>village</u> <u>among</u> all the
<u>people</u> of <u>Judah</u>.
Yet a <u>ruler</u> of <u>Israel</u>,
whose <u>origins</u> are in the <u>distant</u> past,
will <u>come</u> from you on my <u>behalf</u>.

BETHLEHEM
EPHRATHAH
ONLY
SMALL
VILLAGE
AMONG
PEOPLE
JUDAH

RULER
ISRAEL
ORIGINS
DISTANT
PAST
COME
BEHALF

OUR PEACE
Micah 5:4-5a

```
T L S M A J E S T Y
A N R T H A L J B T
E D L T R Z D N J G
R X R I D E D R M Y
G A S E K V N L O E
E E X C H I N G C L
N Q O S A P E A T G
J L D M Q L E N M H
F N E T J P N H O E
E R R W W B Z N S B
```

And He will <u>arise</u> and <u>shepherd</u> His <u>flock</u>
In the <u>strength</u> of the <u>LORD</u>,
In the <u>majesty</u> of the <u>name</u> of the LORD
   His God.
And they will <u>remain</u>,
Because at that time He will be <u>great</u>
To the <u>ends</u> of the <u>earth</u>.
This <u>One</u> will be our <u>peace</u>.

ARISE	REMAIN
SHEPHERD	GREAT
FLOCK	ENDS
STRENGTH	EARTH
LORD	ONE
MAJESTY	PEACE
NAME	

THE DESIRE OF NATIONS
Haggai 2:6-7

```
N Q T P Z Y R N V T Y J E
W R Q L V P M R D S X L E
D J N X Q R X H N W I S D
H E A V E N S O L H U R K
L M X M B N I S W O O Y T
I T O T M T T T H L L K Y
T C M F A D Y S E A R Y P
T L B N I R E S E A R Q Z
L K B K O L Y S H D R G Z
E K T L L L L N I A V T R
N Q G M D A L M J R K R H
R D L D R J N J X L E E V
J B Q W R J B D W G M G Y
```

For thus saith the LORD of hosts; Yet once, it is a little while, and I will shake the heavens, and the earth, and the sea, and the dry land; And I will shake all nations, and the desire of all nations shall come: and I will fill this house with glory, saith the LORD of hosts.

LORD
HOSTS
LITTLE
WHILE
SHAKE
HEAVENS
EARTH
SEA

DRY
LAND
DESIRE
NATIONS
COME
FILL
HOUSE
GLORY

ZION'S KING
Zechariah 9:9

```
S U O E T H G I R V N J
B J N D K T G N I M D V
D N E I O R U C J E Y Y
L A N R E N T O C O L T
O G U A U O K I H R W Y
W C T G R S O E I S L D
L L O I H J A D Y N L J
Y A O M E T I L O K Z K
J U O R E N E I E P V J
S Z Y F G S Z R P M X L
```

Rejoice greatly, Daughter Zion!
Shout, Daughter Jerusalem!
See, your king comes to you,
righteous and victorious,
lowly and riding on a donkey,
on a colt, the foal of a donkey.

REJOICE

GREATLY

DAUGHTER

ZION

SHOUT

JERUSALEM

KING

COMES

RIGHTEOUS

VICTORIOUS

LOWLY

RIDING

DONKEY

COLT

FOAL

MESSENGER OF THE COVENANT
Malachi 3:1

```
C O V E N A N T R A S
B R D R E T E E L E S
E R P M G L G M N U B
F Q O R P N I D D N E
O C L M E G I D Y R P
R M E S H P E K I A R
E T S T T N A S E T W
L E Y Q L B E R T E M
M O J Y T D M G E N S
N R R M M G X T B R L
N Q T D B Q X L L X N
```

"I will <u>send</u> my messenger, who will <u>prepare</u> the <u>way</u> <u>before</u> me. Then <u>suddenly</u> the <u>Lord</u> you are <u>seeking</u> will <u>come</u> to his <u>temple</u>; the <u>messenger</u> of the <u>covenant</u>, whom you <u>desire</u>, will come," says the LORD <u>Almighty</u>.

SEND
PREPARE
WAY
BEFORE
SUDDENLY
LORD
SEEKING

COME
TEMPLE
MESSENGER
COVENANT
DESIRE
ALMIGHTY

SUN OF RIGHTEOUSNESS
Malachi 4:2

```
S S E N S U O E T H G I R S
L E R U T S A P F E Z Y E N
E E X R O G L G E T K V O Q
S W A U L P D G A J L I L J
I M T P W P Z N R A M X L J
R Y V I I X Z I C W I N G S
N F L L L N D L N N L T J Z
Y L R L B K G A B B N Q N V
D N N E J D Y E J U W N P J
N W A Y E X D H S L L T M Y
G Q M J N X N Y Q T P X P Z
L R E N J R W V G V P D Y Q
```

"But for you who <u>fear</u> my <u>name</u>, the <u>Sun</u> of <u>Righteousness</u> will <u>rise</u> with <u>healing</u> in his <u>wings</u>. And you <u>will</u> go <u>free</u>, <u>leaping</u> with <u>joy</u> <u>like</u> <u>calves</u> let <u>out</u> to <u>pasture</u>."

FEAR	FREE
NAME	LEAPING
SUN	JOY
RIGHTEOUSNESS	LIKE
RISE	CALVES
HEALING	OUT
WINGS	PASTURE
WILL	

JESUS
Matthew 1:20-21

```
D I A R F A Y R A M Y K D L
D E V I E C N O C G L E W Y
R D Q J J H D A Q M R B D T
E N J V P Z R T N A E B L N
A X V E R K O K E G N V N M
M S S R R B L P P P E J A G
D O P P E O P L E S E L W S
J Y J I Q A R D S N M W T
D L B I R T H M U B Z I W X
N O J W D I Z S J M P I S K
D H G L M V T T B T F Q K N
J G G L L B M Z V E X W T Y
```

But after he had considered this, an _angel_ of the _LORD_ _appeared_ to him in a _dream_ and said, "_Joseph_, son of David, do not be _afraid_ to take _Mary_ home as your _wife_, because what is _conceived_ in her is from the _Holy_ _Spirit_. She will give _birth_ to a son, and you are to give him the name _Jesus_, because he will _save_ his _people_ from their _sins_."

ANGEL
LORD
APPEARED
DREAM
JOSEPH
AFRAID
MARY
WIFE

CONCEIVED
HOLY
SPIRIT
BIRTH
JESUS
SAVE
PEOPLE
SINS

GOVERNOR
Matthew 2:5b-6

```
P T L B L M N Y M Y Y B K N
R Z D J Y J N J J N E G B L
O B J N U P B M N T O V E X
P J B R S D W T H V S A I L
H W E H Y X A L E E S S G R
E B A L Z B E R C T R U L E
T L N N P H N D A T M L Q
L T V J E O I E E N G W T Y
T Q L M R R E L T N A M J B
C M B N P M J P O T V L D D
N O Q Q N D B M K X I W D G
J L M T D Z A Y Z Q K R Y L
Y Y M E T P D W X V M J W P
```

For thus it is <u>written</u> by the <u>prophet</u>, And thou <u>Bethlehem</u>, in the <u>land</u> of <u>Juda</u>, art not the <u>least</u> <u>among</u> the <u>princes</u> of Juda: for out of thee <u>shall</u> <u>come</u> a <u>Governor</u>, that shall <u>rule</u> my <u>people</u> <u>Israel</u>.

WRITTEN	PRINCES
PROPHET	SHALL
BETHLEHEM	COME
LAND	GOVERNOR
JUDA	RULE
LEAST	PEOPLE
AMONG	ISRAEL

SON OF GOD
Matthew 2:14-15

```
R E M A I N E D T N E W
F T R M D N D E W L Y Q
U H Z E I L H O N D H D
L B T G H P I E R P G Y
F P H A O T K H E E C K
I T E R E O O S C A H J
L O P G P D O M L R L R
L O D S Y J G L N O S Y
P K M Y Y P E R R N K V
B K J X D D T D N J V M
```

Then <u>Joseph</u> got up, <u>took</u> the <u>child</u> and his <u>mother</u> by <u>night</u>, and <u>went</u> to <u>Egypt</u>, and <u>remained</u> there until the <u>death</u> of <u>Herod</u>. This was to <u>fulfill</u> what had been <u>spoken</u> by the <u>LORD</u> through the <u>prophet</u>, "Out of Egypt I have <u>called</u> my <u>son</u>."

JOSEPH
TOOK
CHILD
MOTHER
NIGHT
WENT
EGYPT
REMAINED

DEATH
HEROD
FULFILL
SPOKEN
LORD
PROPHET
CALLED
SON

NAZARENE
Matthew 2:22b-23

```
H T E R A Z A N L M T P B
S T E H P O R P N O D M M
E N E R A Z A N W H R L Y
M E M W D T J N G M T B B
D E L L I F L U F C R M D
L L W D T T O D I D M V N
I I A T E R H R D R E A M
V L R R H L T D S P W G R
E A N T L S L A R T M D D
D G E K I T I A D E Y Z Y
Y L D D Z D T T C V W Y V
```

Having been <u>warned</u> *in a* <u>dream</u>, *he* <u>withdrew</u> *to the* <u>district</u> *of* <u>Galilee</u>, *and he went and* <u>lived</u> *in a* <u>town</u> *called* <u>Nazareth</u>. *So was* <u>fulfilled</u> *what was* <u>said</u> <u>through</u> *the* <u>prophets</u>, *that he would be* <u>called</u> *a* <u>Nazarene</u>.

WARNED	NAZARETH
DREAM	FULFILLED
WITHDREW	SAID
DISTRICT	THROUGH
GALILEE	PROPHETS
LIVED	CALLED
TOWN	NAZARENE

THE BELOVED
Matthew 3:16-17

```
G L X Q Q W N V T G E T M P
Y N Z T A M O W N M X D G Z
Z Z I T D I S I A B R T B Y
O H E D C E T C E Z I N Y K
P R E E N H Z L L R L D Z R
E L L A G E O I I S U S E J
N D E I V V C P T V W X R N
E M L A E E S S W P J K J N
D A L D S J N R E D A K N T
D O V E D E L S L D G B M M
Y D T L M O D Z L X Q D V M
Q W Q X G X G Q D N B X Y B
```

And when _Jesus_ had been _baptized_, just as he _came_ up from the _water_, suddenly the _heavens_ were _opened_ to him and he saw the _Spirit_ of _God_ _descending_ like a _dove_ and _alighting_ on him. And a _voice_ from heaven said, "This is my _Son_, the _Beloved_, with whom I am _well_ _pleased_."

JESUS	DESCENDING
BAPTIZED	DOVE
CAME	ALIGHTING
WATER	VOICE
HEAVENS	SON
OPENED	BELOVED
SPIRIT	WELL
GOD	PLEASED

THE BRIDEGROOM
Matthew 9:15

```
B N E K A T W Q J N
R R J G U E S T S G
B K I Y D T D W R J
W W A D O M I A E J
Y W I N E T O S Y D
A N N C H G U U I S
G A T F O S R A R Z
C N A H Q M S O Z N
R S O N E T E X O N
T Y P L G N D D N M
```

And *Jesus* *said* to them, "The *wedding* *guests* *cannot* *mourn* as *long* as the *bridegroom* is *with* them, can they? The *days* will *come* when the bridegroom is *taken* *away* from them, and *then* they will *fast*."

JESUS	DAYS
SAID	COME
WEDDING	TAKEN
GUESTS	AWAY
CANNOT	THEN
MOURN	FAST
LONG	
BRIDEGROOM	
WITH	

SON OF DAVID
Matthew 9:27-29

```
M P P D C D T E X D
E T W A N R V P E G
R Z O I S E Y W V S
C D L U I S O I U N
Y B A L C L E S N E
L F E V L H E D N G
O B A O I J E O Z E
R Z F I N D D D L S
D W Y O T Z X B E D
R D S V R H A Y M N
```

And as _Jesus_ _passed_ on from there, two _blind_ men _followed_ him, _crying_ aloud, "Have _mercy_ on us, _Son_ of _David_." When he entered the house, the blind men came to him, and Jesus said to them, "Do you _believe_ that I am _able_ to do this?" They said to him, "_Yes_, _LORD_." Then he _touched_ their eyes, saying, "According to your _faith_ be it _done_ to you."

JESUS	BELIEVE
PASSED	ABLE
BLIND	YES
FOLLOWED	LORD
CRYING	TOUCHED
MERCY	FAITH
SON	DONE
DAVID	

GOD'S DELIGHT
Matthew 12:17-18

```
S P I R I T L T J D L
K T L E C I T S U J Z
L S N L P S Y E L B M
P E E W I T P H V X V
I R S N K F G O T O D
S V O L A U L E K E L
A A H C O T H U L E V
I N C R L P I I F Y N
A T H L O A G O L L K
H T X R B H I N N X Z
R Y P N T Y W M V S Y
```

This was to _fulfill_ what was _spoken_
through the _prophet_ Isaiah:
"Here is my _servant_ whom I have _chosen_,
the one I _love_, in whom I _delight_;
I will put my _Spirit_ on him,
and he will _proclaim_ _justice_ to the
nations."

FULFILL	LOVE
SPOKEN	DELIGHT
THROUGH	SPIRIT
PROPHET	PROCLAIM
ISAIAH	JUSTICE
SERVANT	NATIONS
CHOSEN	

PROCLAIMER OF THE HIDDEN
Matthew 13:34-35

```
S P O K E N D L R O W
E F M Q W S H N N W F
L P U L Q T P Q V O D
B R K L U H J E U R P
A O L O F E I N A R P
R C M J S I D D O K C
A L N U D A L P D R M
P A S E T Y H L O E L
J I L I P E T W M J N
Y M O Y T O D L V J D
N N D M W S L T M M V
```

Jesus told the crowds all these things in parables; without a parable he told them nothing. This was to fulfill what had been spoken through the prophet:
   "I will open my mouth to speak
      in parables;
   I will proclaim what has been hidden
      from the foundation of the world."

JESUS
CROWDS
PARABLES
FULFILL
SPOKEN
PROPHET
OPEN

MOUTH
SPEAK
PROCLAIM
HIDDEN
FOUNDATION
WORLD

THE CHRIST
Matthew 16:15-17

```
C H R I S T L D M F
Y S J W B N E H A J
Y I X L Z L S T P J
L M O B A E H E E M
G O R E L E T S B N
D N V F R E U W E D
G E I N R S S V H D
R O O V T D A S N O
R S D Q I E N Q E Z
K M T Y H L J L Y D
```

He said to them, "But _who_ do you say that I am?" _Simon_ _Peter_ replied, "You are the _Christ_, the _Son_ of the _living_ _God_." And _Jesus_ answered him, "_Blessed_ are you, Simon Bar-Jonah! For _flesh_ and _blood_ has not _revealed_ this to you, but my _Father_ who is in _heaven_."

WHO	JESUS
SIMON	BLESSED
PETER	FLESH
CHRIST	BLOOD
SON	REVEALED
LIVING	FATHER
GOD	HEAVEN

THE PROPHET FROM NAZARETH
Matthew 21:10-11

```
M B N Z X G D J N W T W
E D E R R I T S H O L Z
L N Z Y Q D Q O H Q M Q
A A S L J V L W M Q Z W
S Z Y D Y E N T E R E D
U A N S W E R E D P K C
R R T J P O E D R Y I T
E E T Z E L R O E T Y Y
J T M Y I S P C Y K T K
D H V L K H U W Q T S Z
P D A R E R V S P P P A
J G N T Z T K Z T D Y V
```

*When Jesus entered Jerusalem, the
whole city was stirred and asked,
"Who is this?"
The crowds answered, "This is Jesus, the
prophet from Nazareth in Galilee."*

JESUS
ENTERED
JERUSALEM
WHOLE
CITY
STIRRED
ASKED

WHO
CROWDS
ANSWERED
PROPHET
NAZARETH
GALILEE

ALL AUTHORITY
Matthew 28:18-20a

```
N N G V S P S Z W J D L K T
Q X X N P G J O J E R J R D
W J P Q I M J Q N S L P K H
M A K E R H N G E U L L E K
W R U K I R C L R S J A W N
B Z Y T T M P A K L V R E H
A G Y N H I H Y E E K V O J
P S D P C O T L N T I L J T
T T N S N J R R T G Y D D F
I D I O M V A I Y E B O A R
Z D Q M I N E D T D T T W N
I N L L T T M Y P Y H Z R K
N V Z T L P A M J E M R D P
G Z M P B R K N R X G X L M
```

Then Jesus came to them and said, "All authority in heaven and on earth has been given to me. Therefore go and make disciples of all nations, baptizing them in the name of the Father and of the Son and of the Holy Spirit, and teaching them to obey everything I have commanded you."

JESUS
AUTHORITY
HEAVEN
EARTH
GIVEN
MAKE
DISCIPLES
NATIONS

BAPTIZING
FATHER
SON
HOLY
SPIRIT
TEACHING
OBEY

HOLY ONE OF GOD
Mark 1:23-24

```
I M M E D I A T E L Y Y Z
S C Y G N Z K B X K W L W
Y O L T O N R R N M M M V
N M O T O D N Y N R G J L
A E H W I J O A D E I R C
G N A Z A R E T H V B R J
O O Q Q T L I S R Y D R T
G H E S C T Y P U R R W L
U W E N B V Y J S S J T R
E D U X O B B B W D T N M
```

And _immediately_ there was in their _synagogue_ a man with an _unclean_ spirit. And he _cried_ out, "What have you to do with us, _Jesus_ of _Nazareth_? Have you _come_ to _destroy_ us? I _know_ _who_ you are—the _Holy_ _One_ of _God_."

IMMEDIATELY	COME
SYNAGOGUE	DESTROY
UNCLEAN	KNOW
SPIRIT	WHO
CRIED	HOLY
JESUS	ONE
NAZARETH	GOD

SON OF MARY
Mark 6:2b-3

```
P Y M M V M S B M T T K P
R O Y K N W O R M J L Z L
N M W D C R R D E R N G J
X L B E A L E O S T Y W M
R Y Z J R Y F H T I S T N
R P R D P F D W T G W I R
D T O W E V J L D O Y D S
S N J N N S D N A H R J R
E E S B T B R N S M A B N
S E S D E E D A O M A E L
O R Y O R L D K E M V R T
N M B N J U J S M I I X Y
R P T M J Y Z P G T B S P
```

They said, "Where did this man get all this? What is this <u>wisdom</u> that has been <u>given</u> to him? What <u>deeds</u> of <u>power</u> are being <u>done</u> by his <u>hands</u>! Is not this the <u>carpenter</u>, the <u>son</u> of <u>Mary</u> and <u>brother</u> of <u>James</u> and <u>Joses</u> and <u>Judas</u> and <u>Simon</u>, and are not his <u>sisters</u> here with us?" And they took <u>offense</u> at him.

WISDOM	MARY
GIVEN	BROTHER
DEEDS	JAMES
POWER	JOSES
DONE	JUDAS
HANDS	SIMON
CARPENTER	SISTERS
SON	OFFENSE

PROPHET
Mark 6:4-5

```
T S V E T S P Y S
E L E O X E I E T
H H W L O C V C J
P N A P C I E E K
O L L N T A S P H
R E A A D U R O T
P J L E S S N I F
W E J Y H O M E M
R Y A L R B W Z T
```

Jesus said to them, "A prophet is not without honor except in his own town, among his relatives and in his own home." He could not do any miracles there, except lay his hands on a few sick people and heal them.

JESUS
PROPHET
HONOR
EXCEPT
TOWN
RELATIVES
HOME

MIRACLES
LAY
HANDS
FEW
SICK
PEOPLE
HEAL

RABBI
Mark 9:4-5

```
L T S V N M T D L L L
T E D U O E E R H T
G N V S S R D S B X
N T E Q A E A L R V
I S P E L I J A H Z
K E P E D E B D D X
L P K O T B R R N W
A E O A I E D E R M
T G T Q M J R P H L
```

And there <u>appeared</u> to them <u>Elijah</u> with <u>Moses</u>, and they were <u>talking</u> with <u>Jesus</u>. And <u>Peter</u> <u>said</u> to Jesus, "<u>Rabbi</u>, it is <u>good</u> that we are <u>here</u>. <u>Let</u> us <u>make</u> <u>three</u> <u>tents</u>, one for you and one for Moses and one for Elijah."

APPEARED	RABBI
ELIJAH	GOOD
MOSES	HERE
TALKING	LET
JESUS	MAKE
PETER	THREE
SAID	TENTS

SON OF THE BLESSED ONE
Mark 14:61b-62

```
T P O W E R H I G H R L D Y
H T N X W R R J B J L R T Z
G T E M J R J S M A P N X S
I P P X V L D J Q R G R E N
R Y M Z V D U Q J I R D A B L
D C X L O N H E N N T V I D
W M O L M A S L T E O Q Y N
D B C M I T D H D B R S M K
D T L S I Y N E L B R L J V
J N S E J N Y A K S Y G X W
T E D T S J G V W S U L J N
M T N Q T S K E W V A S D G
J Z A T N Q E N X Z B G E R
B M H Q X P L D G L X N K J
```

Again the *high priest* *asked* him, "Are you the *Messiah*, the *Son* of the *Blessed One*?" *Jesus* said, "I am; and 'you will see the Son of Man *seated* at the *right hand* of the *Power*,' and 'coming with the *clouds* of *heaven*.'"

AGAIN	JESUS
HIGH	SEATED
PRIEST	RIGHT
ASKED	HAND
MESSIAH	POWER
SON	COMING
BLESSED	CLOUDS
ONE	HEAVEN

SON OF THE MOST HIGH
Luke 1:32-33

```
A L D N H Y G J L T B Z Y
N V Q A D I D I S O N N T
C B M F V R G O V T J J Q
E K L T O I M H K E J M Q
S L I L T R D D P Y M L J
T G Z N N H E I S R A E L
O L R G G L R V E R Y V D
R G I E L D N O E W L N M
J E O A A X O D N R N J T
R W C D M T Y M B E B X R
```

"He will be _very_ _great_ and will be _called_
the _Son_ of the _Most_ _High_. The _LORD_ _God_
will _give_ him the _throne_ of his _ancestor_
David. And he will _reign_ over _Israel_
forever; his _Kingdom_ will never end!"

VERY	GIVE
GREAT	THRONE
CALLED	ANCESTOR
SON	DAVID
MOST	REIGN
HIGH	ISRAEL
LORD	FOREVER
GOD	KINGDOM

HORN OF SALVATION
Luke 1:67-69

```
H R J Q L D D Z P R L
O B E O S E E E V Z L
U S R D S E O L E V L
S D A S E P R C L E B
E D E L L E H V A I D
T L E E V A M R A E F
B I T T R A S E S N D
H G R I I I T I D I T
O O A I D S A I V L M
L H R V P R I A O T T
Y T Q N G S D V D N W
```

And his father <u>Zechariah</u> was <u>filled</u> with the <u>Holy</u> <u>Spirit</u> and prophesied, saying, "<u>Blessed</u> be the <u>LORD</u> God of <u>Israel</u>, for he has <u>visited</u> and <u>redeemed</u> his <u>people</u> and has <u>raised</u> up a <u>horn</u> of <u>salvation</u> for us in the <u>house</u> of his <u>servant</u> <u>David</u>."

ZECHARIAH
FILLED
HOLY
SPIRIT
BLESSED
LORD
ISRAEL
VISITED

REDEEMED
PEOPLE
RAISED
HORN
SALVATION
HOUSE
SERVANT
DAVID

SUNRISE
Luke 1:76b-78

```
N Y W R L B T J D T G J Z T
O L Q B M V E R T O J H G N
I E P M Y W N W D G I G J D
T B G L L Z D L A G J V Q S
A M R D L K E Y H Y Y G S J
V T R Y E B R Z G B S E D P
L J W L E L E S I R N U S M
A P O F Z W W P R E P A R E
S R O Q Y T D O V S L G Y M
D R B C I T N I N G N Z V Y
E Y R S R M G B W K Y I L B
J E I Q D R T D N M B D S X
M V Z X O Q N Q M D X R Y N
T B K F Y G L B B D W G M Q
```

"*For you will go on <u>before</u> the <u>LORD</u> to <u>prepare</u> His <u>ways</u>;*
To give His people the <u>knowledge</u> of <u>salvation</u>
By the <u>forgiveness</u> of their <u>sins</u>,
Because of the <u>tender</u> <u>mercy</u> of our <u>God</u>,
With which the <u>Sunrise</u> from on <u>high</u> will <u>visit</u> us."

BEFORE	SINS
LORD	TENDER
PREPARE	MERCY
WAYS	GOD
KNOWLEDGE	SUNRISE
SALVATION	HIGH
FORGIVENESS	VISIT

SAVIOR
Luke 2:11-12

```
W R A P P E D H K Y
L S Y M W T A B B T
W B A B A I O A M D
C O T V S N B D R M
L R D S I N G O A W
O N E A W O L E G Y
T M S O V F R N R L
H R T I L I I V B V
S X J B G Y D N B N
V T J Y L N M P D Y
```

"Today in the town of David a Savior has been born to you; he is the Messiah, the LORD. This will be a sign to you: You will find a baby wrapped in cloths and lying in a manger."

TODAY	SIGN
TOWN	FIND
DAVID	BABY
SAVIOR	WRAPPED
BORN	CLOTHS
MESSIAH	LYING
LORD	MANGER

CONSOLATION OF ISRAEL
Luke 2:25-26

```
R E V E A L E D H Z L Y
T K I M P T Q L R O N B
U M S B E S I I Z O L T
O T R B I L G R I D S Y
V Y A M N H A T I I K H
E J E L T W A S R P T Q
D O L E N L A H U A S L
N B O W O D C I E R J T
Z U N S R D Y D T B E L
S D N O M G Y L Z I W J
Q O L J T R L R L J N T
C M J L J R W G J Y L G
```

Now there was a man in _Jerusalem_, whose name was _Simeon_, and this man was _righteous_ and _devout_, _waiting_ for the _consolation_ of _Israel_, and the _Holy_ _Spirit_ was upon him. And it had been _revealed_ to him by the Holy Spirit that he would not see _death_ before he had seen the _LORD_'s _Christ_.

JERUSALEM
SIMEON
RIGHTEOUS
DEVOUT
WAITING
CONSOLATION
ISRAEL

HOLY
SPIRIT
REVEALED
DEATH
LORD
CHRIST

MASTER
Luke 5:4-6

```
G Y G N I K A E R B
N I G H T Y N N B N
I P E E D C U N E W
H S I F L M M T S X
T Q D O B A S I P L
O Q S E S C M R A V
N E R T L O A R R D
D W E M N I G T R D
Q R O Q K E O O C L
Y L T D L Z W T M H
```

And when he had finished speaking, he said to _Simon_, "Put out into the _deep_ and let down your _nets_ for a _catch_." And Simon answered, "_Master_, we _toiled_ all _night_ and took _nothing_! But at your _word_ I will let _down_ the nets." And when they had done this, they _enclosed_ a _large_ _number_ of _fish_, and their nets were _breaking_.

SIMON
DEEP
NETS
CATCH
MASTER
TOILED
NIGHT
NOTHING

WORD
DOWN
ENCLOSED
LARGE
NUMBER
FISH
BREAKING

THE CHRIST OF GOD
Luke 9:18b-20

```
D S R E H T O L G W
N E L I J A H D C B
S Z R T Y Y S H L Y
T G R E S D R R T O
E R G A W I I J D Y
H V E O S S T N Y V
P N R T E K N P S N
O C G N E H E A A D
R K O Y O P Y D Q B
P T D J V R T R B L
```

And he <u>asked</u> them, "Who do the <u>crowds</u> say that I am?" And they <u>answered</u>, "<u>John</u> the <u>Baptist</u>. But <u>others</u> say, <u>Elijah</u>, and others, that one of the <u>prophets</u> of <u>old</u> has <u>risen</u>." Then he said to them, "But who do you <u>say</u> that I am?" And <u>Peter</u> answered, "The <u>Christ</u> of <u>God</u>."

ASKED	PROPHETS
CROWDS	OLD
ANSWERED	RISEN
JOHN	SAY
BAPTIST	PETER
OTHERS	CHRIST
ELIJAH	GOD

SON OF MAN
Luke 19:9-10

```
D N O I T A V L A S
B E H I M S E L F P
L A D J E S U S G W
C T B N G K H N T N
H O O R O E E O N N
O L M D A P U E W W
M G O E A H S R S N
E S V S M Y A E T P
B A O M T A L M R R
S R T N D D N Y J J
```

Jesus responded, "Salvation has come to this home today, for this man has shown himself to be a true son of Abraham. For the Son of Man came to seek and save those who are lost."

JESUS	TRUE
RESPONDED	ABRAHAM
SALVATION	SON
COME	MAN
HOME	SEEK
TODAY	SAVE
SHOWN	LOST
HIMSELF	

CHOSEN ONE
Luke 23:35

```
H I M S E L F V M J
E G C H O S E N W N
R N D N D D X A D X
U I O M O D T E S D
L Y P O D C F R O T
E A T E H F E G S X
R S V I O H Y I L M
S A N C T P R V L V
S G S O X H L B B P
L L D K C T J E Y L
```

And the *people* *stood* by, *watching*, but the *rulers* *scoffed* at him, *saying*, "He *saved* *others*; let him save *himself*, if he is the *Christ* of *God*, his *Chosen* *One*!"

PEOPLE	OTHERS
STOOD	HIMSELF
WATCHING	CHRIST
RULERS	GOD
SCOFFED	CHOSEN
SAYING	ONE
SAVED	

KING OF THE JEWS
Luke 23:36-38

```
N O I T P I R C S N I R
F S O F F E R I N G L D
L A Z W G J J S V B B Q
E V T R V N R E G L Z D
S E G K A E I N W M N Y
R R D N I L I K O S W T
U E R D I Y S C E N I W
O V L U A M K O Z Q J Y
Y O B S O E O J V N Q M
S J X T D S G C T D W T
```

The <u>soldiers</u> <u>also</u> <u>mocked</u> him, <u>coming</u> up and <u>offering</u> him <u>sour</u> <u>wine</u> and <u>saying</u>, "If you are the <u>King</u> of the <u>Jews</u>, <u>save</u> <u>yourself</u>!" There was also an <u>inscription</u> <u>over</u> him, "This is the King of the Jews."

SOLDIERS	SAYING
ALSO	KING
MOCKED	JEWS
COMING	SAVE
OFFERING	YOURSELF
SOUR	INSCRIPTION
WINE	OVER

THE WORD
John 1:1-5

```
D A R K N E S S E D B L Y G
E M O C R E V O V D S L J N
W X G N I H T O N H A Z Y L
O L I F E H R S I N G M I L
R G B Q R L Y N G N T G K Z
D O R O J R E G I N H Y J V
V D U L M S L N M T I N K T
D G X L W A N M N M L H G M
H V T A I N I L X J N G T B
R T X J G B T K G N P R X R
T X D E J R Q H I R D M K Y
Z Z B N R Z N Y L N N J P D
P Q D B Z Z P N Q Z D Y V J
```

In the beginning was the Word, and the Word was with God, and the Word was God. He was with God in the beginning. Through him all things were made; without him nothing was made that has been made. In him was life, and that life was the light of all mankind. The light shines in the darkness, and the darkness has not overcome it.

BEGINNING
WORD
WITH
GOD
THROUGH
ALL
THINGS
MADE
NOTHING
LIFE
LIGHT
MANKIND
SHINES
DARKNESS
OVERCOME

TRUE LIGHT
John 1:6-9

```
E V E I L E B Z P R J K M
V T Q M B G P G M V Y B T
E L S X M G T M N N T E V
R G D I T H G I L I S P N
Y Z W I T N E S S T M L T
O L Y T N P J D I Z T O P
N Q L J L Z A M D S E L C
E T O E J D O B W U E M R
D H D G T N Z B R O L N T
N O X M Y X T T L Q R G T
G M V J K J G R N L V L K
V Z L R L N V M R L Z K D
```

God sent a man, John the Baptist, to tell about the light so that everyone might believe because of his testimony. John himself was not the light; he was simply a witness to tell about the light. The one who is the true light, who gives light to everyone, was coming into the world.

GOD	TESTIMONY
SENT	WITNESS
JOHN	TRUE
BAPTIST	LIGHT
TELL	COMING
EVERYONE	WORLD
BELIEVE	

THE ONE AND ONLY SON
John 1:17-18

```
P I H S N O I T A L E R Q
S E E N T J E S U S L N Y
P K G C N S B Y J A K W P
V E A M R B E D W L X R W
C M C W N E T S G I V E N
E H D A H T H W O E N O K
K Y R T R O T T X L N Q P
J W U I L G N K A W C W M
B R S E S O M L O F N K R
T D W M N T J N Y O Y Y N
Q N B X B J K X S K L P B
```

For the _law_ was _given_ through _Moses_; _grace_ and _truth_ _came_ through _Jesus Christ_. No one has ever _seen_ God, but the _one_ and _only_ _Son_, who is himself God and is in _closest_ _relationship_ with the _Father_, has made him _known_.

LAW	SEEN
GIVEN	ONE
MOSES	ONLY
GRACE	SON
TRUTH	CLOSEST
CAME	RELATIONSHIP
JESUS	FATHER
CHRIST	KNOWN

THE LAMB OF GOD
John 1:29-30

```
G M P J D B Y G M M X N P
M R R R R M S T O T G Z R
Y L Q Z D E B D J D N R D
W S I N M R M Z D E R E S
B E F O R E D R J E S E J
T G C W N L A L T S K U Y
M L J A R W B F A A L B S
L V M O O N A P T L O O K
A X W T H E R R L L Z M N
W L B O N U V W X A R Y X
A X J O S D Y D B D M X N
Y K N P D N R L T R L B K
```

The next day <u>John</u> saw <u>Jesus</u> coming <u>toward</u> him and said, "<u>Look</u>, the <u>Lamb</u> of <u>God</u>, who <u>takes</u> <u>away</u> the <u>sin</u> of the <u>world</u>! This is the <u>one</u> I meant when I said, 'A <u>man</u> who <u>comes</u> <u>after</u> me has <u>surpassed</u> me because he was <u>before</u> me.'"

JOHN	SIN
JESUS	WORLD
TOWARD	ONE
LOOK	MAN
LAMB	COMES
GOD	AFTER
TAKES	SURPASSED
AWAY	BEFORE

MESSIAH
John 1:40-41

```
R W J N H O J M V R
E E E W P T E K L D
H R S T M S P M E Z
T D U B S T I W L J
O N S I S R O M V P
R A A I D L E D O T
B H R W L R N T O N
M H R O E U A L E X
C E F D O N D E M P
Y Y N F G N T G H L
```

Andrew, Simon Peter's brother, was one of these men who heard what John said and then followed Jesus. Andrew went to find his brother, Simon, and told him, "We have found the Messiah" (which means "Christ").

ANDREW	FOLLOWED
SIMON	JESUS
PETER	WENT
BROTHER	TOLD
MEN	FOUND
HEARD	MESSIAH
JOHN	CHRIST

THE BREAD OF GOD
John 6:32-33

```
X K V G E T G O D M T T
Q T D D X F X B Y B J D
R Y Q L Z H I M P R J Z
E K L Y R S E L O G M V
H Q V T N O U A N S D Q
T J L E T V W S V A E D
A J V R E V L T E E X S
F I U R E K T R D J N Z
G L Y P D U B S E M O C
Y T E L L O R P N X B N
Y J N K R K W T D W R Z
L M K L Q J P N T N Z B
```

Jesus said to them, "Very truly I tell you, it is not Moses who has given you the bread from heaven, but it is my Father who gives you the true bread from heaven. For the bread of God is the bread that comes down from heaven and gives life to the world."

JESUS	TRUE
VERY	BREAD
TRULY	GOD
TELL	COMES
MOSES	DOWN
GIVEN	LIFE
HEAVEN	WORLD
FATHER	

THE BREAD OF LIFE
John 6:35

```
M D Q D W T J G B Z N S
R R N T H I R S T Y U D
Y B B R O X V X Q S N Z
B B T Y E B J X E Z W Q
K E D M V S R J L B M T
C N L Z E L A E R B D G
N O Z I R H B I A R L L
T E M M E T U R D D D E
P N V E D V M N L L F N
P Y M E S T E L G I D Q
M R Q Z R Z I S L R G N
Y J T J W W Z D Q Z Y V
```

Jesus said to them, "I am the bread of life. Whoever comes to me will never be hungry, and whoever believes in me will never be thirsty."

JESUS
SAID
BREAD
LIFE
WHOEVER
COMES

WILL
NEVER
HUNGRY
BELIEVES
THIRSTY

LIFE OF THE WORLD
John 6:51

```
Y B N W D M L F A T G Q
G Y Y A R H O N C Y B Q
T N E X E R Y A W Y B D
F R I A E O M O E V I G
B L V V N E R N N D Z G
W E E E I L F W T H I S
N R A S D L O I T X L D
N D T J H D B B L L L J
M B S W I L L L I V E N
```

"I am the *living* *bread* that *came* *down* from *heaven*. If *anyone* *eats* of *this* bread, he *will* *live* *forever*. And the bread that I will *give* for the *life* of the *world* is my *flesh*."

LIVING	WILL
BREAD	LIVE
CAME	FOREVER
DOWN	GIVE
HEAVEN	LIFE
ANYONE	WORLD
EATS	FLESH
THIS	

THE LIGHT OF THE WORLD
John 8:12

```
E L E A D S K L A W D W J
L Q M E W B Z P B R J Y Q
P D O V L T J Y J Z R R M
O W R A R D E M Y T Y R W
E Y E H Q K X M N N B O V
P R D R O T R Q D J R T T
K Y T P H W E A T L M E R
M R S G O L R S D M C R L
L R I L G K S M U N R T L
L L L D N Z M U O A J N R
Z O I E X R Y Z S T C K Y
F B S F Y J X Q P E R E J
T S D B E B M L D T J N B
```

Jesus spoke to the people once more and said, "I am the light of the world. If you follow me, you won't have to walk in darkness, because you will have the light that leads to life."

JESUS	FOLLOW
SPOKE	WALK
PEOPLE	DARKNESS
ONCE	BECAUSE
MORE	HAVE
LIGHT	LEADS
WORLD	LIFE

THE TRUTH
John 8:31-32

```
T B D M D W T W M M D B
H S T E A C H I N G B M
E E R J J T B L D D Y Q
N L G E U E S L E T Z R
E P T R A E S V D L O H
E I T T T L E U R B R T
R C S J B I L L S J N Q
F S D W L R W Y D R T L
M I T E E O Y D B D X R
J D B T N J T Q M M D B
K Z X K Q N R W D T P W
```

To the Jews who had believed him, Jesus said, "If you hold to my teaching, you are really my disciples. Then you will know the truth, and the truth will set you free."

JEWS	THEN
BELIEVED	WILL
JESUS	KNOW
HOLD	TRUTH
TEACHING	SET
REALLY	FREE
DISCIPLES	

SON WHO SETS FREE
John 8:34-36

```
Y J Z Y L Y N B Z D R Y E
P E R M A N E N T E L E M
H E V A L S V T B I R X X
S T S T E S X M M F T Y W
N X U F W N E A L M E P J
I R N R O M F T V V T J M
S G Z M T R Y T E W E V B
D N Z D J D E R T S R Z Y
T E L L M T Y V U J L Y Y
N N L P S O R S E K M J Q
L X K N N O M A G R P X R
R D V E M N N Y P B Y R Y
```

Jesus replied, "I tell you the truth, everyone who sins is a slave of sin. A slave is not a permanent member of the family, but a son is part of the family forever. So if the Son sets you free, you are truly free."

JESUS	MEMBER
TELL	FAMILY
TRUTH	SON
EVERYONE	PART
SINS	FOREVER
SLAVE	SETS
PERMANENT	FREE

I AM
John 8:57-58

```
D N R O B Y K N E V E
E P M B D T T J N J W
R A E L D F S B L J T
E M O O R I D E B Z Y
W M A Y P F A E E Y G
S J J H T L F S E N W
N N E R A O E A X T T
A M U S R R R Y E G P
T T Q E U S B L S A Y
H Z Y W Z S L A Z K D
```

The <u>people</u> <u>said</u>, "You aren't <u>even</u> <u>fifty</u> <u>years</u> <u>old</u>. How can you <u>say</u> you have <u>seen</u> <u>Abraham</u>?"
<u>Jesus</u> <u>answered</u>, "I <u>tell</u> you the <u>truth</u>, <u>before</u> Abraham was even <u>born</u>, I <u>AM</u>!"

PEOPLE   ABRAHAM
SAID   JESUS
EVEN   ANSWERED
FIFTY   TELL
YEARS   TRUTH
OLD   BEFORE
SAY   BORN
SEEN   AM

THE DOOR
John 10:5-7

```
U R Y N N D J N F R X R
N L E W V E L O M R Z Y
D P P G S O L O G L B P
E K Q U N L I N T L P B
R T S N O A I C T W N G
S B H W L Y R T E L K P
T K M I A S R T N A E M
A D N S N U H T S R L N
N O L O L G Z E F L E E
D O K Y W T S V E B X D
Y R J Q Y K R V M P X Y
```

"However, a _stranger_ they simply will not _follow_, but will _flee_ from him, because they do not _know_ the _voice_ of strangers." _Jesus_ _told_ them this figure of speech, but they did not _understand_ what the _things_ which He was _saying_ to them _meant_. So Jesus said to them again, "_Truly_, truly I say to you, I am the _door_ of the _sheep_."

STRANGER
FOLLOW
FLEE
KNOW
VOICE
JESUS
TOLD

UNDERSTAND
THINGS
SAYING
MEANT
TRULY
DOOR
SHEEP

THE GATE
John 10:8-9

```
D G P A S T U R E J D M T
E L A E G R E L S G D Y M
N R Z T R V E R L T N Z T
E S D T E O E T H A X N D
T N H O H B F R N M G J B
S S H E B I O E Z E L D X
I W A O E U E M B D N I F
L Q R V G P M V J L Q K N
D K M H E M O J E J L N T
T Y N P B D C R M S M Q Y
```

All who have *come* *before* me are *thieves* and *robbers*, but the *sheep* have not *listened* to them. I am the *gate*; *whoever* *enters* *through* me will be *saved*. They will come in and go out, and *find* *pasture*.

ALL

COME

BEFORE

THIEVES

ROBBERS

SHEEP

LISTENED

GATE

WHOEVER

ENTERS

THROUGH

SAVED

FIND

PASTURE

THE GOOD SHEPHERD
John 10:14-16

```
S V O I C E D O N Z
H K C O L F O N N J
E G J B R Q O E U R
P P N J L L G S E Y
H E R J K N T H T G
E E J E E N T W N D
R H F T H O O I M N
D S S I L T R W W L
M I D A L B A O N Y
L R Y J V G D F X M
```

"I am the good shepherd; I know my sheep and my sheep know me—just as the Father knows me and I know the Father—and I lay down my life for the sheep. I have other sheep that are not of this sheep pen. I must bring them also. They too will listen to my voice, and there shall be one flock and one shepherd."

GOOD
SHEPHERD
KNOW
SHEEP
JUST
FATHER
LAY
DOWN

LIFE
OTHER
BRING
LISTEN
VOICE
ONE
FLOCK

THE RESURRECTION AND THE LIFE
John 11:25-26

```
W Y B P S D L E M M D T J
N M D J U D V R V M N T Y
M O W Z S L Q K B E H T E
B D I J E T I L E O N V Y
R E S T J D K V U S E Y T
Y E L A C M D G E R O M T
M J V I I E H Y Y J K H L
W X D E E D R O J L Y L T
L I K L N V N R I N I X N
E R G N X E E F U W G M N
B N T P Y R E N L S Z N N
Y M M Y D L W P R J E L Q
W V X L V D D D G T D R V
```

Jesus *said* to her, "I am the *resurrection* and the *life*. *Those* who *believe* in me, *even* *though* they *die*, *will* *live*, and *everyone* who lives and believes in me will *never* die. Do you believe this?"

JESUS	THOUGH
SAID	DIE
RESURRECTION	WILL
LIFE	LIVE
THOSE	EVERYONE
BELIEVE	NEVER
EVEN	

TEACHER
John 11:27-29

```
V M Z M E S S I A H T Z
M X G E N Y X M S W Y R
P T M D A T L R D L S Z
S O M W Y D E E E E V M
C O L G T N V T Y D P L
G A N T R E A J L S X B
W J R U I I A R B E Q K
A L O L D M O C W E N T
N M E E N W A L H G J D
T B M V L L O R D E O L
S M Q P K K Q N Y N R D
I Q X J T Q N X R X Q V
```

"Yes, _LORD_," she told him. "I have _always_ _believed_ you are the _Messiah_, the _Son_ of _God_, the one who has _come_ into the _world_ from God." Then she returned to _Mary_. She called Mary aside from the _mourners_ and told her, "The _Teacher_ is here and _wants_ to _see_ you." So Mary _immediately_ _went_ to him.

YES	WORLD
LORD	MARY
ALWAYS	MOURNERS
BELIEVED	TEACHER
MESSIAH	WANTS
SON	SEE
GOD	IMMEDIATELY
COME	WENT

THE WAY
John 14:6-7

```
K N O W E S T D H
A D R F J P E G Y
D N I M E E U E Y
F L S C C O S L N
A Y X W R O L U H
T E W H E A M T S
H W T E E R U E K
E A W R L R E V S
R Y X Z T L N D J
```

Jesus *answered*, "I am the *way* and the *truth* and the *life*. No one *comes* to the *Father* *except* *through* me. If you *really* *know* me, you will know my Father as *well*. From now on, you do know him and have *seen* him."

JESUS
ANSWERED
WAY
TRUTH
LIFE
COMES
FATHER

EXCEPT
THROUGH
REALLY
KNOW
WELL
SEEN

HELPER
John 14:16-17

```
C L T N Y T Y D Q H Y D Z V
A K N R F A T H E R L N X Y
N B D E Z D Y L D R K K X K
N G R V J Q P W O M R M B S
O J V E N E M W E G Q M L N
T Y R R R B S V J B I L R H
X N Y O K R I P G K E V T Y
W Y M F M E E N I W Q U E K
G D L J C N E H D R R Y N J
K Y S E M I T Z T T I O L X
S B R E T L B Z B O W T Z R
A V K H E G T L T S N N M B
P J E L P S D P Q P K A P V
Z R N L Z J P P J D K V M G
```

And I will _ask_ the _Father_, and he will _give_ you _another_ _Helper_, to be with you _forever_, even the _Spirit_ of _truth_, whom the _world_ _cannot_ _receive_, because it _neither_ _sees_ him nor _knows_ him. You know him, for he _dwells_ with you and will be in you.

ASK	WORLD
FATHER	CANNOT
GIVE	RECEIVE
ANOTHER	NEITHER
HELPER	SEES
FOREVER	KNOWS
SPIRIT	DWELLS
TRUTH	

THE TRUE GRAPEVINE
John 15:1-3

```
M R W Y T M P G W W V V Q M
S A R X N T O E Y N X R T Q
D E R B I C U R P R Q D D Q
T B N U X R U R E Y M V T B
B R R U T H O T R X W P P Y
D F N T R D C E S Y V G Z R
P R X R U P V N W L M M K L
U Y E C M E K P A A J Q J N
R D E N Q E R T P R R M E N
I A G D E R S E R V B N J Q
F E J Q Y D V S D E I D M N
I R N Z R I R J A M H M Y Y
E L Z P N V Y A G G N T N M
D A P E Y J M Z G D E R A P
G M T T Z J M T G V T Q X F
```

"I am the <u>true</u> <u>grapevine</u>, and my <u>Father</u> is the <u>gardener</u>. He <u>cuts</u> off <u>every</u> <u>branch</u> of <u>mine</u> that doesn't <u>produce</u> <u>fruit</u>, and he <u>prunes</u> the branches that do <u>bear</u> fruit so they will produce even <u>more</u>. You have <u>already</u> been pruned and <u>purified</u> by the <u>message</u> I have given you."

TRUE	PRODUCE
GRAPEVINE	FRUIT
FATHER	PRUNES
GARDENER	BEAR
CUTS	MORE
EVERY	ALREADY
BRANCH	PURIFIED
MINE	MESSAGE

RABBONI
John 20:15b-17

```
D T M M M X R M S T R D G
W E B M S A L U E L T R M
P L Q U B G P A V M X X X
D L S B X P C G D B L Z X
R E O D O H A S V L K M X
J N N S E R C I A M A R A
I D I R D I Y A B I Y D Z
Z N I E U R R T W K D M T
G T N A A T Y R N A R G D
D E D M L D B K A D Y Q L
R L Z P R D R V B C Y W B
```

Supposing him to be the *gardener*, she said to him, "Sir, if you have *carried* him *away*, *tell* me where you have *laid* him, and I will take him away." *Jesus* *said* to her, "*Mary*." She *turned* and said to him in *Aramaic*, "*Rabboni!*" (which means *Teacher*).

SUPPOSING	SAID
GARDENER	MARY
CARRIED	TURNED
AWAY	ARAMAIC
TELL	RABBONI
LAID	TEACHER
JESUS	

LORD
John 20:27-28

```
D D S T L D T B X N D J
E O B A P R W D T V B N
R U M E M M K G T B Y W
E B F N L O J W Y B B H
W T V I M I H J B M A L
S T G B N G E T H N Y T
N D L R M G X V D E M W
A R E A C H E S E R R Y
S Y Y M B Q D R M D O E
T A T N E G I B R W W L
P U I E O L S B R D J Z
P D S D J D Q Y B P Y X
```

Then he <u>said</u> to <u>Thomas</u>, "<u>Put</u> your <u>finger</u> <u>here</u> and <u>see</u> my <u>hands</u>. <u>Reach</u> out your hand and put it in my <u>side</u>. Do not <u>doubt</u> but <u>believe</u>." Thomas <u>answered</u> him, "My <u>LORD</u> and my <u>God</u>!"

SAID	REACH
THOMAS	SIDE
PUT	DOUBT
FINGER	BELIEVE
HERE	ANSWERED
SEE	LORD
HANDS	GOD

THE AUTHOR OF LIFE
Acts 3:14-15

```
A L T P V L D K V D G Q
S N I V P E D R J Q K Q
K L L F T N E R B Q J W
E P D N E R D R V S I T
D N A Y E E L Y U T N R
D R Q D A D D O N H O B
G E R D D E E E O H D Y
M U N J S T S L T E G K
M L W I H S Y U L M N B
G J A G E B A R T I D O
O R I S J D Y R B X K Z
D R X Q Q K K L T L L L
```

But you <u>denied</u> the <u>Holy</u> and <u>Righteous</u> <u>One</u>, and <u>asked</u> for a <u>murderer</u> to be <u>granted</u> to you, and you <u>killed</u> the <u>Author</u> of <u>life</u>, whom <u>God</u> <u>raised</u> from the <u>dead</u>. To this we are <u>witnesses</u>.

DENIED	KILLED
HOLY	AUTHOR
RIGHTEOUS	LIFE
ONE	GOD
ASKED	RAISED
MURDERER	DEAD
GRANTED	WITNESSES

GOD'S SERVANT
Acts 3:25-26

```
X C Y W B T M T P G T K
R Q O N F T N R S U P D
H A Y V Y A O A R R E J
M C N T E P M N V S I T
A D A C H N I I C R D F
H Z E E N A E L E E T
A R T S G S N N K I E S
R S A R S D T C T A E D
B R K I A E I O R N P S
A G T N S W L T R D E M
T Z T N Y E H B D S O S
Z S M J K K D L D Y R G
```

"*You are the <u>descendants</u> of the <u>prophets</u> and of the <u>covenant</u> that God gave to your <u>ancestors</u>, saying to <u>Abraham</u>, 'And in your descendants all the <u>families</u> of the <u>earth</u> shall be <u>blessed</u>.' When <u>God</u> <u>raised</u> up his servant, he <u>sent</u> him <u>first</u> to you, to bless you by <u>turning</u> <u>each</u> of you from your <u>wicked</u> ways.*"

DESCENDANTS
PROPHETS
COVENANT
ANCESTORS
ABRAHAM
FAMILIES
EARTH
BLESSED

GOD
RAISED
SERVANT
SENT
FIRST
TURNING
EACH
WICKED

THE STONE THE BUILDERS REJECTED
Acts 4:10-11

```
T D P O W E R F U L
R L E A R S I S D L
C R K I D S R X N T
H N E E F E T A K R
R E A J D I Z O A G
I D A L E A C I N S
S E I L R C S U U E
T U M E E E T S R D
B Y N A D D E E O C
M E N M N J W G D J
```

"Let me clearly state to all of you and to all the people of Israel that he was healed by the powerful name of Jesus Christ the Nazarene, the man you crucified but whom God raised from the dead. For Jesus is the one referred to in the Scriptures, where it says,

    'The stone that you builders rejected has now become the cornerstone.'"

ISRAEL	CRUCIFIED
HEALED	GOD
POWERFUL	RAISED
NAME	DEAD
JESUS	STONE
CHRIST	BUILDERS
NAZARENE	REJECTED

THE NAME BY WHICH WE MUST BE SAVED
Acts 4:12

```
R N B M U S T X B T
P E E T N G J P Y M
M P H V T S B N M P
N O I T A V L A S N
A Y R V O E L S E R
M Q E T N P H L E T
O D Z E A C Y D M E
N Z V B I L N M M L
G I N H W U S A V G
G J W P K T N Z K J
```

"There is <u>salvation</u> in no one <u>else</u>, for there is no <u>other</u> <u>name</u> <u>under</u> <u>heaven</u> <u>given</u> <u>among</u> <u>mortals</u> by <u>which</u> we <u>must</u> be <u>saved</u>."

SALVATION	GIVEN
ELSE	AMONG
OTHER	MORTALS
NAME	WHICH
UNDER	MUST
HEAVEN	SAVED

HOLY CHILD
Acts 4:27-28

```
E L P O E P C E N O D
D T P H S H D T L E J
M E O I I U O O R B A
S L N L L G S E R N Y
Y E D I E A H E O E P
I N L T M T T I J O H
J S H I A R N E N L H
H E R G T T E T Y T R
R A P A E N I T U T D
B N N D E U E R E V J
D V M D S L T G X D Y
```

For of a _truth_ against thy _holy_ _child_
Jesus, whom thou hast _anointed_, both
Herod, and _Pontius_ _Pilate_, with the
Gentiles, and the _people_ of _Israel_,
were _gathered_ _together_,
For to do whatsoever thy _hand_ and thy
counsel _determined_ before to be _done_.

TRUTH	GENTILES
HOLY	PEOPLE
CHILD	ISRAEL
JESUS	GATHERED
ANOINTED	TOGETHER
HEROD	HAND
PONTIUS	DETERMINED
PILATE	DONE

HOLY SERVANT
Acts 4:29-30

```
M P M H W O N D E R S
I S R D E W O R D S L
R E Q E T A E H U K N
A R G R A W L S A S M
C V R T O C E I S N H
U A E P L J H E N C D
L N A Y R O N I T G E
O T T A H D R E N V R
U B E L L O R D I G J
S H R O N T L G Y X B
B V B X S D T Y J R Z
```

And now, O <u>LORD</u>, <u>hear</u> their threats, and <u>give</u> us, your servants, <u>great</u> <u>boldness</u> in <u>preaching</u> your <u>word</u>. <u>Stretch</u> out your <u>hand</u> with <u>healing</u> <u>power</u>; may <u>miraculous</u> signs and <u>wonders</u> be done through the name of your <u>holy</u> <u>servant</u> <u>Jesus</u>.

LORD	HAND
HEAR	HEALING
GIVE	POWER
GREAT	MIRACULOUS
BOLDNESS	WONDERS
PREACHING	HOLY
WORD	SERVANT
STRETCH	JESUS

THE RIGHTEOUS ONE
Acts 7:52-53

```
P E R S E C U T E W A L
D D D X M N S S K D M D
E R L N T U R L E V E M
L D I B A E R C E Y D N
I P Y G H H N D A G R P
V B R T H U E R E E N K
E C A O O T T R C R I A
R F O N P E E E O L E N
E K N M B H I O L F N D
D A E B I V E E U O E W
T R Q E E N D T J S N B
D M J D P G G B S N Z E
```

"Which of the <u>prophets</u> did your <u>fathers</u> not <u>persecute</u>? And they <u>killed</u> those who <u>announced</u> <u>beforehand</u> the <u>coming</u> of the <u>Righteous</u> <u>One</u>, whom you have now <u>betrayed</u> and <u>murdered</u>, you who <u>received</u> the <u>law</u> as <u>delivered</u> by <u>angels</u> and did not <u>keep</u> it."

PROPHETS   ONE
FATHERS   BETRAYED
PERSECUTE   MURDERED
KILLED   RECEIVED
ANNOUNCED   LAW
BEFOREHAND   DELIVERED
COMING   ANGELS
RIGHTEOUS   KEEP

LORD OF ALL
Acts 10:34-36

```
U G N I H C A E R P M J M
E N A C C E P T A B L E R
G O D Y R E R R F E A R S
A I G E A E T T N P V V Y
S T I C R I T O T H G I R
S A E S A S Y E S P E A K
E N L L R N T U P D T Q N
M L I W A A S A R K N Q K
A T D Z G E E O N K B N N
Y Q R X J Z L L D D L T R
```

Then <u>Peter</u> began to <u>speak</u> to them: "I truly <u>understand</u> that God shows no <u>partiality</u>, but in every <u>nation</u> <u>anyone</u> who <u>fears</u> him and does what is <u>right</u> is <u>acceptable</u> to him. You know the <u>message</u> he sent to the people of <u>Israel</u>, <u>preaching</u> <u>peace</u> by <u>Jesus</u> Christ—he is <u>LORD</u> of <u>all</u>."

PETER	ACCEPTABLE
SPEAK	MESSAGE
UNDERSTAND	ISRAEL
PARTIALITY	PREACHING
NATION	PEACE
ANYONE	JESUS
FEARS	LORD
RIGHT	ALL

JUDGE
Acts 10:41-42

```
Q A D N R N D D S T C
K P P R Z M E E E O D
P E O P L E S S M A R
S E X X O S D M O O D
E T N M E I A R S H Q
E A E N G N N E A H C
N E T S D N D T C N M
L I G E T O I A E M K
W R D D G I E V T D Y
D R R X U R F N I Y D
K B M V P J R Y V L D
```

He was not _seen_ by all the _people_, but by _witnesses_ whom _God_ had already _chosen_—by us who _ate_ and _drank_ with him after he _rose_ from the _dead_. He _commanded_ us to _preach_ to the people and to _testify_ that he is the one whom God _appointed_ as _judge_ of the _living_ and the dead.

SEEN
PEOPLE
WITNESSES
GOD
CHOSEN
ATE
DRANK
ROSE

DEAD
COMMANDED
PREACH
TESTIFY
APPOINTED
JUDGE
LIVING

GOD BLESSED
Romans 9:4-5

```
I M E S S I A H L X B B
D S A D O P T I O N L L
S T R B W Q G Y M P N R
S T R A F O R N A T T N
E Y N X E O R T O D Y G
S D D A L L R S N L N P
I D E G N I I E H I E X
M F O S A E T T V I L B
O D L R S N V I E E P X
R L C E N E G O K S R B
P H A P S P L D C K R V
S T G W D H M B X G N L
```

They are <u>Israelites</u>, and to them <u>belong</u> the <u>adoption</u>, the <u>glory</u>, the <u>covenants</u>, the <u>giving</u> of the <u>law</u>, the <u>worship</u>, and the <u>promises</u>; to them belong the <u>patriarchs</u>, and from them, according to the <u>flesh</u>, comes the <u>Messiah</u>, who is over all, <u>God</u> <u>blessed</u> <u>forever</u>. Amen.

ISRAELITES	PROMISES
BELONG	PATRIARCHS
ADOPTION	FLESH
GLORY	MESSIAH
COVENANTS	GOD
GIVING	BLESSED
LAW	FOREVER
WORSHIP	

THE DELIVERER
Romans 11:26-27

```
G M J M T J X N T N J
D O T N A N E V O C J
E D D W R I T T E N A
L Z T L S A V E D L M
I B I U E M T T L Z Y
V Y O O R S R A W T L
E A R C N N S W K E D
R W S Q A Y Q N A E C
E A I M A J N R E O T
R W N W Z T S Z M S T
R D S Z B I W E K L S
```

And in this <u>way</u> <u>all</u> Israel will be <u>saved</u>.
  As it is <u>written</u>:
"The <u>deliverer</u> will <u>come</u> from <u>Zion</u>;
he will <u>turn</u> <u>godlessness</u> <u>away</u> from
  <u>Jacob</u>.
And this is my <u>covenant</u> with them
when I <u>take</u> away their <u>sins</u>."

WAY	TURN
ALL	GODLESSNESS
ISRAEL	AWAY
SAVED	JACOB
WRITTEN	COVENANT
DELIVERER	TAKE
COME	SINS
ZION	

POWER FROM GOD
1 Corinthians 1:22-24

```
T D J S B P B S G J F
K V E L E O R N W O X
K C O I T L I E O E G
W C H H F L I L A R J
K I Y R B I I T E C C
R T S M I S C E N A H
D E U D H S K U L E S
D T W N O S T L R N G
S O E O T M E T G C T
J S G P P D B I M L M
S B M Y J W S Z W G K
```

For indeed _Jews_ ask for _signs_ and
Greeks search for _wisdom;_ but we
preach _Christ_ _crucified_, to Jews a
stumbling _block_, and to _Gentiles_
foolishness, but to those who are the
called, _both_ Jews and Greeks, Christ the
power of _God_ and the wisdom of God.

JEWS	BLOCK
SIGNS	GENTILES
GREEKS	FOOLISHNESS
WISDOM	CALLED
PREACH	BOTH
CHRIST	POWER
CRUCIFIED	GOD
STUMBLING	

WISDOM FROM GOD
1 Corinthians 1:30-31

```
S Q M T Y D N G B J N L B S
T A J B E C A M E O L R S Y
S L N K M R R J N T A E J R
I R V C K L E E D Z N S J V
R L E J T S W Q D S Q Y T W
H S B D U I J R U R D O G S
C G O S E L F O I L O R D V
K V T U Q M E I M T D Z M D
R P T K R T P B C O T L P T
P L N T H C B T L A D E Y Z
N N L G R M E L I G T S N Y
P B I Q W J X Y I O R I I L
J R X N N N K B Y F N B O W
L B M P N T L T T Q E Q Y N
```

He is the <u>source</u> of your <u>life</u> in <u>Christ</u> <u>Jesus</u>, who <u>became</u> for us <u>wisdom</u> from <u>God</u>, and <u>righteousness</u> and <u>sanctification</u> and <u>redemption</u>, in <u>order</u> that, as it is <u>written</u>, "Let the one who <u>boasts</u>, boast in the <u>LORD</u>."

SOURCE
LIFE
CHRIST
JESUS
BECAME
WISDOM
GOD

RIGHTEOUSNESS
SANCTIFICATION
REDEMPTION
ORDER
WRITTEN
BOASTS
LORD

LORD OF GLORY
1 Corinthians 2:7-8

```
D D L M S V J N Y C Z D V
O E T X R E E K R J J N G
O E X L T D C U S P E A K
T R Q G D G C R R T R Q M
S C Q I L I M B E U D Y K
R E H O F O E Z L T P R D
E D R I D F S E H C I H W
D Y E S O D R E N J D T M
N D I R R S D M G O K T Y
U W E O V L M B G A N B W
G J L D X J T M L M Z D D
```

But we <u>speak</u> God's <u>wisdom</u>, <u>secret</u> and <u>hidden</u>, <u>which</u> <u>God</u> <u>decreed</u> <u>before</u> the <u>ages</u> for our glory. <u>None</u> of the <u>rulers</u> of this age <u>understood</u> this; for if they had, they would not have <u>crucified</u> the <u>LORD</u> of <u>glory</u>.

SPEAK	AGES
WISDOM	NONE
SECRET	RULERS
HIDDEN	UNDERSTOOD
WHICH	CRUCIFIED
GOD	LORD
DECREED	GLORY
BEFORE	

OUR PASSOVER LAMB
1 Corinthians 5:7-8

```
U S Z R C H R I S T D
N F S N E M T T G E D
L Y E E R V H U C V K
E D T S N C O I R E L
A I T I T D F S E T T
V R M A R I E P S V L
E Y B A R E V K D A D
N M E C L L C A C M P
E O A A A I E N L I J
D S L M S R C P I J W
Z P B D B T N E D S J
```

Get <u>rid</u> of the <u>old</u> <u>yeast</u>, so that you may be a new <u>unleavened</u> <u>batch</u>—as you really are. For <u>Christ</u>, our <u>Passover</u> <u>lamb</u>, has been <u>sacrificed</u>. Therefore let us <u>keep</u> the <u>Festival</u>, not with the old <u>bread</u> leavened with <u>malice</u> and <u>wickedness</u>, but with the unleavened bread of <u>sincerity</u> and <u>truth</u>.

RID	SACRIFICED
OLD	KEEP
YEAST	FESTIVAL
UNLEAVENED	BREAD
BATCH	MALICE
CHRIST	WICKEDNESS
PASSOVER	SINCERITY
LAMB	TRUTH

THE ROCK
1 Corinthians 10:2-4

```
F O L L O W E R S T B M
D J S Z K T B T R S Z Y
F E G E S C R M P A E S
O P Z I S A O I X C M N
O X R I V O R R L T M Q
D H B E T I M O D R N B
C Q L E T P U R E M Q Q
Q E M U L D A T Q A D L
D A A L R N A B T D R D
S L A G K W M E L T B K
```

In the <u>cloud</u> and in the <u>sea</u>, <u>all</u> of them were <u>baptized</u> as <u>followers</u> of <u>Moses</u>. All of them <u>ate</u> the <u>same</u> spiritual <u>food</u>, and all of them <u>drank</u> the same spiritual <u>water</u>. For they drank from the spiritual <u>rock</u> that <u>traveled</u> with them, and that rock was <u>Christ</u>.

CLOUD	SPIRITUAL
SEA	FOOD
ALL	DRANK
BAPTIZED	WATER
FOLLOWERS	ROCK
MOSES	TRAVELED
ATE	CHRIST
SAME	

HEAD OF EVERY MAN
1 Corinthians 11:2-3

```
E D N E M M O C M L T J
V Y N Q R D R Y Y R T D
E N J A K E K D A W E X
R W I J T T M D R R X T
Y Y R A K S I E E W S Q
T W H R T T R V M I R H
H Y N U I N I E R B E V
I T R O S L I H D A E W
N N N E E B C A D N I R
G S A D V D A N M F U G
R K L M L E L N E L O M
R P X K R T T K D D N L
```

Now I *commend* you because you *remember* me in *everything* and *maintain* the *traditions* even as I *delivered* them to you. But I want you to *understand* that the *head* of *every* *man* is *Christ*, the head of a *wife* is her *husband*, and the head of Christ is *God*.

COMMEND	HEAD
REMEMBER	EVERY
EVERYTHING	MAN
MAINTAIN	CHRIST
TRADITIONS	WIFE
DELIVERED	HUSBAND
UNDERSTAND	GOD

RISEN LORD
1 Corinthians 15:3-5

```
T D E S I A R M X S M
P N T H I R D D E A D
A T A W B T Q R T S L
S S M T S U U D N J Z
S I T O R T R I D W M
E R M W P O S I M W T
D H Y I E E P L E D J
R C R A Q L T M I D M
D C M G D W V E I D L
S R Y Y R R D E R M D
```

I _passed_ on to you what was _most_ _important_ and what had also been passed on to me. _Christ_ _died_ for our _sins_, just as the _Scriptures_ said. He was _buried_, and he was _raised_ from the _dead_ on the _third_ _day_, just as the Scriptures said. He was seen by _Peter_ and then by the _Twelve_.

PASSED	BURIED
MOST	RAISED
IMPORTANT	DEAD
CHRIST	THIRD
DIED	DAY
SINS	PETER
SCRIPTURES	TWELVE

LAST ADAM
1 Corinthians 15:44-46

```
W F R B G T E Z Y S Q Y
R I P A S N G F P W R B
I R W A I N I I I L T N
T S L M I S R E A L Y T
T T M V T I E R B P T N
E Z I O T G U D N W O S
N G S U B T G N I V I L
N L A O A M R R L R B V
A L D N Y R R A D A M K
M Y N D J Z X N D J N L
```

It is <u>sown</u> a <u>natural</u> <u>body</u>; it is <u>raised</u> a <u>spiritual</u> body. If there is a natural body, there is <u>also</u> a spiritual body. Thus it is <u>written</u>, "The <u>first</u> <u>man</u> Adam became a <u>living</u> <u>being</u>"; the <u>last</u> <u>Adam</u> became a <u>life</u>-<u>giving</u> spirit. But it is not the spiritual that is first but the natural, and then the spiritual.

SOWN
NATURAL
BODY
RAISED
SPIRITUAL
ALSO
WRITTEN
FIRST

MAN
LIVING
BEING
LAST
ADAM
LIFE
GIVING

THE HEAVENLY MAN
1 Corinthians 15:47-49

```
A D A M M E W P D
S T N A M H K Y L
D O D F I E L I Z
N E M L I N M C L
O L E E R H A E
C P T V D R S A C
E O A S I A R T T
S E Y S U T Y V X
H P T Z H D V M Y
```

Adam, the first man, was made from the dust of the earth, while Christ, the second man, came from heaven. Earthly people are like the earthly man, and heavenly people are like the heavenly man. Just as we are now like the earthly man, we will someday be like the heavenly man.

ADAM	SECOND
FIRST	CAME
MADE	PEOPLE
DUST	LIKE
EARTH	SOMEDAY
WHILE	HEAVENLY
CHRIST	MAN

IMAGE OF GOD
2 Corinthians 4:4-5

```
P T S I R H C V D L D S
R N K W L S Q L G D R R
O B Z N O Z U N Y E D L
C L L N M R I S V D G L
L I S R G E L E E T Y M
A N R T E O I D T J E R
I D Y S N L S L I G H T
M E S R E A V P A X W K
J D D B O D V M E L J R
X N N M O L I R O L Q X
Q U I G T Y G R E N D Q
R R M T M B D V X S L L
```

In their case the god of this world has blinded the minds of the unbelievers, to keep them from seeing the light of the gospel of the glory of Christ, who is the image of God. For what we proclaim is not ourselves, but Jesus Christ as LORD, with ourselves as your servants for Jesus' sake.

WORLD
BLINDED
MINDS
UNBELIEVERS
SEEING
LIGHT
GOSPEL
GLORY

CHRIST
IMAGE
GOD
PROCLAIM
JESUS
LORD
SERVANTS

INDESCRIBABLE GIFT
2 Corinthians 9:13-15

```
I N D E S C R I B A B L E N
G O Y T E S T I N G R A C E
N I Q R X V T P G X O W Q P
I S V Q T F N L K B T B R R
S S Y T I S O R E N E G N T
S E H G S R I D M G Y K X N
A F Z A I I I N O Y Y Y Q W
P N G F R E R S I A Z K X M
R O Y N N I P H R M D Z T D
U C D C O E N P C O N T X X
S K E R L L Y G G T Z B T B
```

Through the <u>testing</u> of this <u>ministry</u> you <u>glorify</u> <u>God</u> by your <u>obedience</u> to the <u>confession</u> of the <u>gospel</u> of <u>Christ</u> and by the <u>generosity</u> of your <u>sharing</u> with them and with all others, while they <u>long</u> for you and <u>pray</u> for you because of the <u>surpassing</u> <u>grace</u> of God that he has given you. Thanks be to God for his <u>indescribable</u> <u>gift</u>!

TESTING	GENEROSITY
MINISTRY	SHARING
GLORIFY	LONG
GOD	PRAY
OBEDIENCE	SURPASSING
CONFESSION	GRACE
GOSPEL	INDESCRIBABLE
CHRIST	GIFT

OUR HUSBAND
2 Corinthians 1:2-3

```
B T S I R H C D I A R F A
E B P V T N O I T O V E D
T G R B D E R E C N I S N
R V E P T N T X D V T T T
O Y S U O L A E J H T N B
T A E E L D V B O Y N G Z
H R N B R I I U S I W Y Z
E T T Z E P G V G U V L M
D S Y C U H E R I B H J L
M A E R T T I N M N N V T
L D E S X V V L T G E Z D
```

For I feel a <u>divine jealousy</u> for you, since I <u>betrothed</u> you to one <u>husband</u>, to <u>present</u> you as a <u>pure</u> <u>virgin</u> to <u>Christ</u>. But I am <u>afraid</u> that as the <u>serpent</u> <u>deceived</u> Eve by his cunning, your <u>thoughts</u> will be led <u>astray</u> from a <u>sincere</u> and pure <u>devotion</u> to Christ.

DIVINE
JEALOUSY
BETROTHED
HUSBAND
PRESENT
PURE
VIRGIN
CHRIST

AFRAID
SERPENT
DECEIVED
THOUGHTS
ASTRAY
SINCERE
DEVOTION

HEAD OF THE CHURCH
Ephesians 1:22-23

```
E H I M S E L F W L
V A F I L L S A L L
E U B E N E F I T E
R T J T D U D U T W
Y H C O H A N E L H
W O G H E I L D C L
H R B H R P N R E E
E I T O M I U G D R
R T L O D H S A S T
E Y C R C Y M T Z R
```

God has put <u>all</u> <u>things</u> <u>under</u> the <u>authority</u> of <u>Christ</u> and has <u>made</u> him <u>head</u> over all things for the <u>benefit</u> of the <u>church</u>. And the church is his <u>body</u>; it is made <u>full</u> and <u>complete</u> by Christ, who <u>fills</u> all things <u>everywhere</u> with <u>himself</u>.

GOD	BENEFIT
ALL	CHURCH
THINGS	BODY
UNDER	FULL
AUTHORITY	COMPLETE
CHRIST	FILLS
MADE	EVERYWHERE
HEAD	HIMSELF

CHIEF CORNERSTONE
Ephesians 2:19-20

```
E F H O U S E H O L D D
N O Y C T W C P M J F G
O U S K I H O E Q O L S
T N L T I T M L R R T R
S D A E R B I E L E T T
R A F P E A I Z H E S L
E T P R O G N P E I F W
N I S E N S O G R N J K
R O W E O R T H E E S D
O N R J P P C L S R M Q
C S K L Y K L U E K S D
Y L K Q L T S E Y S B N
```

Consequently, you are no longer _foreigners_ and _strangers_, but _fellow citizens_ with God's _people_ and also _members_ of his _household_, built on the _foundation_ of the _apostles_ and _prophets_, with _Christ Jesus_ himself as the _chief cornerstone_.

FOREIGNERS	FOUNDATION
STRANGERS	APOSTLES
FELLOW	PROPHETS
CITIZENS	CHRIST
PEOPLE	JESUS
MEMBERS	CHIEF
HOUSEHOLD	CORNERSTONE

NAME ABOVE ALL NAMES
Philippians 2:9-11

```
D E U G N O T P N
E M L D R O L A Y
C K N E E O M L T
L H E A V E N S A
A S C A J A E O E
R U A Q B H T A H
E S L D G O R E W
Q E P I O T V O D
R J H X H G B E Y
```

Therefore, <u>God</u> <u>elevated</u> him to the <u>place</u> of <u>highest</u> <u>honor</u>
and gave him the <u>name</u> <u>above</u> <u>all</u> other names,
that at the name of <u>Jesus</u> every <u>knee</u> should <u>bow</u>,
in <u>heaven</u> and on <u>earth</u> and under the earth,
and every <u>tongue</u> <u>declare</u> that Jesus Christ is <u>LORD</u>,
to the glory of God the Father.

GOD	JESUS
ELEVATED	KNEE
PLACE	BOW
HIGHEST	HEAVEN
HONOR	EARTH
NAME	TONGUE
ABOVE	DECLARE
ALL	LORD

VISIBLE IMAGE OF THE INVISIBLE
Colossians 1:15-16

```
E J B V T N E D G E M E N
X L Q V Q S E A V K R P X
I Y B G A T I E R O V R M
S Y N I A N R R F T E L T
T Z L E S Y Y E H A H N P
E H R N T I B T L C E T Z
D C G H E N V M H M G O D
N O I U M V S B E I I R V
T N V Y O Y A R P M N T L
G A Z E Q R P E A Z Q G B
Q L P B R U H G H Z L V M
W L Y L S J E T P G K X P
```

Christ is the visible image of the invisible
God.
He existed before anything was created
and is supreme over all creation,
for through him God created everything
in the heavenly realms and on earth.

CHRIST	SUPREME
VISIBLE	OVER
IMAGE	ALL
GOD	THROUGH
EXISTED	EVERYTHING
BEFORE	HEAVENLY
ANYTHING	REALMS
CREATED	EARTH

SUPREME OVER ALL
Colossians 1:18b-20a

```
D G Y R E V O D Q T J B B
E N B E G I N N I N G K W
L I J P V X L X S B K J R
I H V W L T M U Z J R H J
C T B F G E P P D D G T N
N Y R L U R A O M U L N L
O R I X E L G S O D H L R
C E S M V N L R E I A B Y
E V E T L E H N M D R E B
R E D J S T V S E X J Y D
R R R X P I E I X S R V Z
X N T N L L R X L T S N N
Q D Q R F L X H L D Z J R
Y Q P Z G D A P C D V M Y
```

He is the <u>beginning</u>,
<u>supreme</u> <u>over</u> <u>all</u> who <u>rise</u> from the <u>dead</u>.
So he is first in everything.
For <u>God</u> in all his <u>fullness</u>
was <u>pleased</u> to <u>live</u> in <u>Christ</u>,
and <u>through</u> him God <u>reconciled</u>
<u>everything</u> to <u>himself</u>.

BEGINNING	PLEASED
SUPREME	LIVE
OVER	CHRIST
ALL	THROUGH
RISE	RECONCILED
DEAD	EVERYTHING
GOD	HIMSELF
FULLNESS	

THE HOPE OF GLORY
Colossians 1:25-27

```
D S Z N D B N W R L S C
G M T R J W R E P E O T
E N O N O P V T L M T R
N W L N I E T I M N N S
E T K G A A T I A N E T
R H J L E N S V Y H S G
A I E R E S R R C I I Y
T D G G I E E I R V R E
I D Y O S T R H E O P Y
O E N Z S R C N L O X Y
N N R Y R X N G H Z Y L
S K M M Y V R N Q W Z Q
```

I became its _servant_ according to God's _commission_ that was _given_ to me for you, to make the _word_ of God fully _known_, the _mystery_ that has been _hidden_ throughout the ages and _generations_ but has now been _revealed_ to his _saints_. To them God chose to make known how _great_ among the _Gentiles_ are the _riches_ of the glory of this mystery, which is _Christ_ in you, the _hope_ of _glory_.

SERVANT	REVEALED
COMMISSION	SAINTS
GIVEN	GREAT
WORD	GENTILES
KNOWN	RICHES
MYSTERY	CHRIST
HIDDEN	HOPE
GENERATIONS	GLORY

SEATED AT THE RIGHT HAND OF GOD
Colossians 3:1

```
G E T R Q M T S Y P W M B R
N V V T R B S R E I E D V Y
I O J Y E G A R T A Z E W N
K B Y E N I L H M J T T K Q
E A N I S Z X M T Q B E Q M
E V H E R T W H N V R Y D T
S T D N E R E H W Y J L N K
J V N Q Q R Y L Y K H D R W
V D T M E C H R I S T A J D
J L N F L G L L I T J P V G
W D O A Z Q M K G G M B G E
M R O Y H X L N Y X H X N B
E X P G N D T R Y K J T L N
```

Therefore, if you have been raised with Christ, keep seeking the things that are above, where Christ is, seated at the right hand of God.

THEREFORE	THINGS
HAVE	ABOVE
BEEN	WHERE
RAISED	SEATED
WITH	RIGHT
CHRIST	HAND
KEEP	GOD
SEEKING	

OUR LIFE
Colossians 3:2-4

```
D Y R O L G T D I E D
E R T R D H R H B Z W
L M U S I Y I K P N J
A O I N I D E A R T H
E B G N D R L R P T Y
V S O E D S H E F I L
E N N V O S R C Q J J
R S E T E G O D N Y M
```

Set your minds on the things that are above, not on the things that are on earth. For you have died, and your life is hidden with Christ in God. When Christ, who is our life, is revealed, then you also will be revealed with Him in glory.

SET
MINDS
THINGS
ABOVE
EARTH
DIED
HIDDEN

CHRIST
GOD
OUR
LIFE
REVEALED
ALSO
GLORY

OUR DELIVERER
1 Thessalonians 1:8b-10

```
J E S U S N D T D E X J
W D D Y E O D D R N M D
R T E V G E H E O L D B
A D A L S T H S D B M J
T E W I I W L I V I N G
H Q A A Y V H Z E Q R G
T R F R I T E V B D K X
J R E D R T R R A B T D
K V U O L E K E S D K Y
E N F E S K D K M N R R
```

Your faith in God has gone forth everywhere, so that we need not say anything. For they themselves report concerning us the kind of reception we had among you, and how you turned to God from idols to serve the living and true God, and to wait for his Son from heaven, whom he raised from the dead, Jesus who delivers us from the wrath to come.

FAITH	SON
GOD	HEAVEN
FORTH	RAISED
EVERYWHERE	DEAD
SERVE	JESUS
LIVING	DELIVERS
TRUE	WRATH
WAIT	

OUR STRENGTH AND PROTECTION
2 Thessalonians 3:1-3

```
S W N L K T R M D J T R V
P E O L R E J E X R N Z N
R L Q R S R I T O E D M K
E P D C D F C U H R H T R
A O U B I E B T O T V L D
D E W R T L G L I R B G V
D P O O E N R A P I D L Y
L L R S E E F R G R M D N
G P O R V P A Q X W K W X
M M T I T Y N N W X P Q Q
E S L Q L W V J N Y Y L J
```

Finally, brothers and sisters, <u>pray</u> for us that the <u>word</u> of the <u>LORD</u> will <u>spread</u> <u>rapidly</u> and be <u>glorified</u>, just as it was also with you; and that we will be <u>rescued</u> from <u>troublesome</u> and <u>evil</u> <u>people</u>; for not all have the <u>faith</u>. But the LORD is faithful, and He will <u>strengthen</u> and <u>protect</u> you from the evil one.

PRAY

WORD

LORD

SPREAD

RAPIDLY

GLORIFIED

RESCUED

TROUBLESOME

EVIL

PEOPLE

FAITH

STRENGTHEN

PROTECT

OUR HOPE
1 Timothy 1:1-2

```
J W D N S G Y T W Y Y
P E A C E A D X J J V
A P S J W R V Y Z D N
C P R U O H H I Y D R
O N O L S T O T O E M
M F T S O K S P H R E
M A L M T I Y T E C Y
A I I Y R L A Y A C D
N T M H U F E R R O X
D H C A Z R G E G N X
P Q P Y Y N M T P Y Q
```

Paul, an apostle of Christ Jesus by the command of God our Savior and of Christ Jesus our hope,
To Timothy my true son in the faith: Grace, mercy and peace from God the Father and Christ Jesus our LORD.

PAUL	TIMOTHY
APOSTLE	FAITH
CHRIST	GRACE
JESUS	MERCY
COMMAND	PEACE
GOD	FATHER
SAVIOR	LORD
HOPE	

KING ETERNAL
1 Timothy 1:16-17

```
L E V I E C E R S N P
A G L F D K H I M A P
T E I B I I N R T X E
R L L N I N S I I S Z
O E G P E S E P N S L
M T V R M N I E L A T
M S S E C A M V N A M
I R U E I M X R N E Y
N O K S I L E E R I Q
B W D W E T E C N Z M
J L D T E J Y B X X Z
```

But for that very reason I was shown _mercy_ so that in me, the _worst_ of _sinners_, _Christ Jesus_ might _display_ his _immense_ _patience_ as an _example_ for those who would _believe_ in him and _receive_ eternal _life_. Now to the _King_ eternal, _immortal_, _invisible_, the only God, be honor and glory for ever and ever. Amen.

MERCY	EXAMPLE
WORST	BELIEVE
SINNERS	RECEIVE
CHRIST	LIFE
JESUS	KING
DISPLAY	ETERNAL
IMMENSE	IMMORTAL
PATIENCE	INVISIBLE

MEDIATOR
1 Timothy 2:3-6

```
U M P P D C M E S S A G E R
N H E O U R H H B K G Z M T
D U G D T R T R Z T E R M K
E M N Y I U C B I L M K W G
R A Q F R A N H I S D J Z B
S N P T R W T C A O T L Q P
T I V L W E N O O S Y Q D T
A T J X E O E G R D E N R D
N Y R E C A R D S A V I O R
D M Y E S T S L O R I G H T
X B R T W U L E D M X L D M
R Q M G D B S B S Z R J T P
```

This is <u>good</u> and <u>pleases</u> <u>God</u> our <u>Savior</u>, who wants everyone to be saved and to <u>understand</u> the <u>truth</u>. For,
There is one God and one <u>Mediator</u> who can <u>reconcile</u> God and <u>humanity</u>—the man <u>Christ</u> <u>Jesus</u>. He gave his life to <u>purchase</u> <u>freedom</u> for everyone.
This is the <u>message</u> God gave to the <u>world</u> at just the <u>right</u> time.

GOOD	HUMANITY
PLEASES	CHRIST
GOD	JESUS
SAVIOR	PURCHASE
UNDERSTAND	FREEDOM
TRUTH	MESSAGE
MEDIATOR	WORLD
RECONCILE	RIGHT

BLESSED AND ONLY SOVEREIGN
1 Timothy 6:13-15

```
P R T J X L D T N Q T W Z B Y B
R E S W B Y Q M E S F R W Y L P
E P K O L V D T I S Y A P R Y T
S R R N V D D R D J T Y U N B L
E O O C D E H N R J Z I O L D J
N A J M O C R E T N M I F E T G
C C X Y B M P E L Y S Q S I Y M
E H V N B O M D I S M S K S E B
T N V L R X Z A E G E R U R M D
L I B P M M W F N L N S B M D Q
O V M J N B N L B D E X L R J P
R Q Z E M O M W T J M G N P N B
D Y Y N C P T M L D N E N G N D
V Q R T V D B T D I T P N T W Z
R G D N Y D W P K D Y B L T J T
```

I direct you in the <u>presence</u> of God, who gives life to all things, and of <u>Christ Jesus</u>, who <u>testified</u> the good <u>confession</u> before Pontius Pilate, that you keep the <u>commandment</u> without <u>fault</u> or <u>reproach</u> until the appearing of our LORD Jesus Christ, which He will bring about at the <u>proper time</u>—He who is the <u>blessed</u> and <u>only</u> Sovereign, the <u>King</u> of kings and <u>LORD</u> of lords.

PRESENCE
CHRIST
JESUS
TESTIFIED
CONFESSION
COMMANDMENT
FAULT
REPROACH

PROPER
TIME
BLESSED
ONLY
SOVEREIGN
KING
LORD

HEIR OF ALL THINGS
Hebrews 1:1-2

```
A B Y M L S M D M S G P Z
F P D B Y V E S T R P N L
A D P A Y T E E O B R L L
T A W O A M H N N N L D Y
H Y L E I P L S G D L J L
E S R T O N G A L J D Y V
R C P R X N T R S G G M G
S N P O I G O E N T P J N
D Y V H K W O O D H E I R
J Z T X D E L D D G N Q L
```

Long ago, at many times and in many ways, God spoke to our fathers by the prophets, but in these last days he has spoken to us by his Son, whom he appointed the heir of all things, through whom also he created the world.

LONG	DAYS
TIMES	SON
WAYS	APPOINTED
GOD	HEIR
SPOKE	THINGS
FATHERS	CREATED
PROPHETS	WORLD
LAST	

CROWNED IN GLORY AND HONOR
Hebrews 2:8b-9

```
T A S T E N G H N M L Q Y
J L V Z Z J T O T L Y K D
Q N N M Y A E Y D R G D R
S U B J E C T I O N D Y D
L M X D A S D L I E L N M
I A G R U E G R N H Y Y D
T D G S L L E W T Y D R B
T E E I T F O A N G E L S
L J H D F R E W H O N O R
E W K U C D M R E X Y Z Z
L D S T V D D V K R R N J
```

As it is, we do not yet see everything in subjection to them, but we do see Jesus, who for a little while was made lower than the angels, now crowned with glory and honor because of the suffering of death, so that by the grace of God he might taste death for everyone.

SUBJECTION	GLORY
JESUS	HONOR
LITTLE	SUFFERING
WHILE	DEATH
MADE	GRACE
LOWER	GOD
ANGELS	TASTE
CROWNED	DEATH

FOUNDER OF SALVATION
Hebrews 2:10

```
S B R I N G I N G G T P Z
A U Z P D F O U N D E R K
L S F G E T B I P H Z V J
V O L F S R T Y G L L N R
A N K I E T F U X S Q T G
T S X X I R O E G L O R Y
I E Z F Y R I N C E G T K
O G R N H A I N K T K N V
N M A T R H L A G Y L W T
G M D Y T K M L X Y P K M
```

For it was <u>fitting</u> that he, for whom and by whom <u>all</u> <u>things</u> <u>exist</u>, in <u>bringing</u> <u>many</u> <u>sons</u> to <u>glory</u>, should <u>make</u> the <u>founder</u> of their <u>salvation</u> <u>perfect</u> <u>through</u> <u>suffering</u>.

FITTING	GLORY
ALL	MAKE
THINGS	FOUNDER
EXIST	SALVATION
BRINGING	PERFECT
MANY	THROUGH
SONS	SUFFERING

THE APOSTLE
Hebrews 3:1-2

```
A N S R E H T O R B N
P S O L C H S E N Y M
P R G I G A L U L J V
O E F I S T L N S R D
I N H A S S E L E E S
N T P O I V E D I I J
T R P R A T I F S N M
E A H E I S H T N O G
D P H O N E E F S O B
J P K O L R S E U K C
Y N C B S Y S T M L L
```

Therefore, <u>brothers</u> and <u>sisters</u>, <u>holy</u> <u>partners</u> in a <u>heavenly</u> <u>calling</u>, <u>consider</u> that <u>Jesus</u>, the <u>apostle</u> and <u>high priest</u> of our <u>confession</u>, was <u>faithful</u> to the one who <u>appointed</u> him, just as <u>Moses</u> also "was faithful in all God's house."

BROTHERS	APOSTLE
SISTERS	HIGH
HOLY	PRIEST
PARTNERS	CONFESSION
HEAVENLY	FAITHFUL
CALLING	APPOINTED
CONSIDER	MOSES
JESUS	

GREAT HIGH PRIEST
Hebrews 4:14-15

```
T A E R G T J P N Z X W N T
W L N L N M T N W R N P G L
B D Z R B Z R M J N J W J N
T S E S S E N K A E W N I G
F E M D R G Q Y M W B S O L
I H M Y N D Z P R O F E S S
R T R P W E A J H G D N M S
M I K L T T C K R I E X U K
L A D D H E P S T V G S T P
Y F O I D R D R A Y E H L L
Y G Z M B Q Y E I J L D K K
L E B G R K H L K E M Q V N
P D P N T Z T J Z S V Z N
N X X B B G R L T B T L X
```

Therefore, since we have a <u>great</u> <u>high</u> <u>priest</u> who has <u>ascended</u> into <u>heaven</u>, <u>Jesus</u> the <u>Son</u> of <u>God</u>, let us hold <u>firmly</u> to the <u>faith</u> we <u>profess</u>. For we do not have a high priest who is unable to <u>empathize</u> with our <u>weaknesses</u>, but we have one who has been <u>tempted</u> in every way, just as we are—yet he did not <u>sin</u>.

GREAT	FIRMLY
HIGH	FAITH
PRIEST	PROFESS
ASCENDED	EMPATHIZE
HEAVEN	WEAKNESSES
JESUS	TEMPTED
SON	SIN
GOD	

A PRIEST FOREVER
Hebrews 5:5-6

```
N E T T O G E B T M M Q
R N D C H R I S T E T R
W E Y E P J E R L R Z L
F N D L T I N C T G W M
B O A R R N H M V L L D
E C R P O I I M T V M T
E X Z E Z A N O T H E R
N J A E V H T G P N J Y
T T D L I E K M O P N M
Z E R G T B R S Z R A V
K B H Y J B D L B R R N
```

So also _Christ_ did not _exalt_ himself to be made a _high_ priest, but was _appointed_ by him who said to him, "You are my _Son_, today I have _begotten_ you"; as he says also in _another_ _place_, "You are a _priest_ _forever_, after the _order_ of _Melchizedek_."

CHRIST	ANOTHER
EXALT	PLACE
HIGH	PRIEST
APPOINTED	FOREVER
SON	ORDER
BEGOTTEN	MELCHIZEDEK

THE SOURCE OF ETERNAL SALVATION
Hebrews 5:9-10

```
K E D E Z I H C L E M M
N E D E T A N G I S E D
O B T T B R H T O B E Y
I E T E S E C I W D L J
T I C R R E C Q G N L P
A N G R F N I A O H J Y
V G M R U E A R M G V V
L D E G D O D L P E L D
A P O A N E S M T D Z N
S D M Y R D T L V T B D
```

And _being_ _made_ _perfect_, he _became_ the _source_ of _eternal_ _salvation_ to all who _obey_ him, being _designated_ by _God_ a _high_ _priest_ after the _order_ of _Melchizedek_.

BEING	OBEY
MADE	DESIGNATED
PERFECT	GOD
BECAME	HIGH
SOURCE	PRIEST
ETERNAL	ORDER
SALVATION	MELCHIZEDEK

OUR FORERUNNER
Hebrews 6:19-20a

```
R E N N U R E R O F
F S A N C T U A R Y
N I A T R U C E L W
E B R S G O P D Z D
D R E M R O H I T J
N W U H H E N C E Y
I E H C A N T S N L
H V G E E L U N U A
E A N R R S F O E Y
B H B N M E S G Y T
```

We have this hope as an anchor for the soul, firm and secure. It enters the inner sanctuary behind the curtain, where our forerunner, Jesus, has entered on our behalf.

HAVE	SANCTUARY
HOPE	BEHIND
ANCHOR	CURTAIN
SOUL	WHERE
FIRM	FORERUNNER
SECURE	JESUS
ENTERS	BEHALF
INNER	

UNBLEMISHED OFFERING
Hebrews 9:13-14

```
S D M D W O R S H I P Q
T O S Y E S G D R C M J
A G Y E L R T N O J L W
O Y G L I S E N I A M W
G M U H I F S F N V I D
P B M R S C I R F T I T
L H H Y I I E T H O I L
B C E E F T M O C R W M
Z L N I E I U E I N X Y
L C O Y F T R P L J A T
E T R O Q E S U R B W S
L G J P D K R B P N Y P
```

For if the blood of <u>goats</u> and <u>bulls</u>, with the sprinkling of the ashes of a <u>heifer</u>, <u>sanctifies</u> those who have been defiled so that their flesh is purified, how much more will the <u>blood</u> of <u>Christ</u>, who through the <u>eternal</u> <u>Spirit</u> <u>offered</u> himself <u>without</u> <u>blemish</u> to God, <u>purify</u> our <u>conscience</u> from dead works to <u>worship</u> the <u>living</u> God!

GOATS	OFFERED
BULLS	WITHOUT
HEIFER	BLEMISH
SANCTIFIES	PURIFY
BLOOD	CONSCIENCE
CHRIST	WORSHIP
ETERNAL	LIVING
SPIRIT	GOD

MEDIATOR OF THE NEW COVENANT
Hebrews 9:15

```
E D N E E W T E B J N
C E E D E I D O G T F
N S Z T N V E N N R P
A I Y V T L I A E S Y
T M T T P I N E E W E
I O C O L E M T C T N
R R E H V A A M E E S
E P Q O R I N R O I R
H N C X D I N E N C M
N Z R E M A S S P Q R
I D M T L V D T K N L
```

That is why he is the one who _mediates_ a _new_ _covenant_ _between_ _God_ and _people_, so that all who are called can _receive_ the _eternal_ _inheritance_ God has _promised_ them. For _Christ_ _died_ to set them _free_ from the _penalty_ of the _sins_ they had _committed_ under that first covenant.

MEDIATES
NEW
COVENANT
BETWEEN
GOD
PEOPLE
RECEIVE
ETERNAL

INHERITANCE
PROMISED
CHRIST
DIED
FREE
PENALTY
SINS
COMMITTED

THE PIONEER AND PERFECTER OF FAITH
Hebrews 12:1-2

```
E C N A R E V E S R E P
C V E N U R R D W T R R
T L Y N R T H B P Q E M
W K O M T T V I B T Y M
I T W U I A O S C N S N
T G G A D N N E U R R D
N M F N E R F G E S L K
E W A E I R T D L C E M
S O R R E X N A E E A J
S R B P K I I Y E N S R
E H V B H E E F N R R M
S T D Y L S D M G R G R
```

Therefore, since we are surrounded by such a <u>great</u> <u>cloud</u> of <u>witnesses</u>, let us <u>throw</u> off everything that <u>hinders</u> and the sin that so easily <u>entangles</u>. And let us <u>run</u> with <u>perseverance</u> the <u>race</u> <u>marked</u> out for us, <u>fixing</u> our <u>eyes</u> on <u>Jesus</u>, the <u>pioneer</u> and <u>perfecter</u> of <u>faith</u>.

GREAT
CLOUD
WITNESSES
THROW
HINDERS
ENTANGLES
RUN
PERSEVERANCE

RACE
MARKED
FIXING
EYES
JESUS
PIONEER
PERFECTER
FAITH

THE GREAT SHEPHERD
Hebrews 13:20-21

```
P I U Q E S J T D A E D
G B V Y H T D J H G G K
N M R E D B E G M G D W
I K E O L R N R D Y I D
K P C O U I O R N J X S
R K O O S G E L X A W V
O D T A V H H G P Y L V
W E E Z P E S T R L N V
L L C E T U N G Q E L W
P Z H A S K O A D G A W
R S M E E O Z P N D X T
W R J X D P G N T T B N
```

Now may the God of <u>peace</u>, who <u>brought</u> up from the <u>dead</u> the <u>great</u> Shepherd of the <u>sheep</u> through the <u>blood</u> of the <u>eternal</u> <u>covenant</u>, that is, Jesus our <u>LORD</u>, <u>equip</u> you in every <u>good</u> thing to do His will, <u>working</u> in us that which is <u>pleasing</u> in His <u>sight</u>, through Jesus Christ, to whom be the glory forever and ever. Amen.

PEACE	COVENANT
BROUGHT	JESUS
DEAD	LORD
GREAT	EQUIP
SHEPHERD	GOOD
SHEEP	WORKING
BLOOD	PLEASING
ETERNAL	SIGHT

LAMB WITHOUT BLEMISH
1 Peter 1:18-19

```
E R T Q B T B B P S D
L E H U T D M B U S H
B D I G O A O O R S D
A E N O L H I O I R S
H E G L T C T M L I T
S M S D E S E I L B K
I E D R E L I V W Y W
R D P C B F E R T Q W
E V N Z X R E P H O D
P A J R G N M C N C Y
J L N Z D E N K T B V
```

For you <u>know</u> that it was not with <u>perishable things</u> such as <u>silver</u> or <u>gold</u> that you were <u>redeemed</u> from the <u>empty</u> way of life handed down to you from your <u>ancestors</u>, but with the <u>precious blood</u> of <u>Christ</u>, a <u>lamb without blemish</u> or <u>defect</u>.

KNOW

PERISHABLE

THINGS

SILVER

GOLD

REDEEMED

EMPTY

ANCESTORS

PRECIOUS

BLOOD

CHRIST

LAMB

WITHOUT

BLEMISH

DEFECT

CHOSEN BEFORE THE CREATION
1 Peter 1:20-21

```
D R E V E A L E D N F V D Z
T E D W C J W B J A E P O H
D H I A W H E N I D O G G J
E W R F E L O T L N Z B B V
Z R R O I D H S N D M T D Y
R V O E U R C R E A T I O N
T A V F W G O M N T M N P
I E I E E O H L V B T L N M
M N K S R B R V G S L M D K
E A Y J E Z X L A N D Y Q K
S Y N Q G D G L D B Y T W L
```

He was _chosen_ _before_ the _creation_ of the _world_, but was _revealed_ in these _last_ _times_ for your _sake_. _Through_ him you _believe_ in _God_, who _raised_ him from the _dead_ and _glorified_ him, and so your _faith_ and _hope_ are in God.

CHOSEN	THROUGH
BEFORE	BELIEVE
CREATION	GOD
WORLD	RAISED
REVEALED	DEAD
LAST	GLORIFIED
TIMES	FAITH
SAKE	HOPE

LIVING STONE
1 Peter 2:4-5

```
D G N I V I L J Q S T E
N O O L V H N W A X L D
D J O D A W O C Z B B B
S I G H T U R U A Q R T
C Y R B T I T T S E Y P
D H V B F S P I J E R Y
J D O I U E E E R E M S
L E C I C I C I C I T W
Y E S C C T L I R O P L
S L A U E E O T N P L S
Y T O D S U B E J P Y M
M D T H S Y M T V N W N
```

And coming to Him as to a _living_ _stone_ which has been _rejected_ by people, but is _choice_ and _precious_ in the _sight_ of _God_, you also, as living stones, are being _built_ up as a _spiritual_ _house_ for a _holy_ _priesthood_, to offer spiritual _sacrifices_ that are _acceptable_ to God through _Jesus_ Christ.

LIVING
STONE
REJECTED
CHOICE
PRECIOUS
SIGHT
GOD
BUILT

SPIRITUAL
HOUSE
HOLY
PRIESTHOOD
SACRIFICES
ACCEPTABLE
JESUS

PRECIOUS AND CHOSEN CORNERSTONE
1 Peter 2:6

```
Z E R U T P I R C S V L Q
R M L R Y M N W Y N W Z D
E N O T S R E N R O C K P
V Z N S T U D B R Y S U C
E I B Q E R O W E T T H M
O O W Q B V G I A H O L N
H N N Z T N E N C S O E D
W R D M I N D I E E M L Z
W M B Y B S L N L A R L D
Q L A G Y V W R H E P P Y
D L R P Q Z D S Y M B N J
```

For it _stands_ in _Scripture_:
"_Behold_, I am _laying_ in _Zion_ a stone, a
cornerstone _chosen_ and _precious_, and
whoever _believes_ in him will not be _put_
to _shame_."

STANDS	CHOSEN
SCRIPTURE	PRECIOUS
BEHOLD	WHOEVER
LAYING	BELIEVES
ZION	PUT
CORNERSTONE	SHAME

OVERSEER OF SOULS
1 Peter 2:24-25

```
R I G H T E O U S N E S S
R E E S R E V O N E I D X
R B Y L B G R J I J X R Q
Q M D O Z Y O D S J T M Y
Y G D E N T R I A J M N D
W Y D R N E P S N R L D R
O S B E H R T E J G L V N
U B L P L R U E E M Z C N
N L E U A A L T R H R M R
D H L Y O I E P E O S G J
S N R R V S N H S R B X D
W L Y E M N G S L M T P X
```

"He himself bore our sins" in his body on the cross, so that we might die to sins and live for righteousness; "by his wounds you have been healed." For "you were like sheep going astray," but now you have returned to the Shepherd and Overseer of your souls.

BORE
SINS
BODY
CROSS
DIE
LIVE
RIGHTEOUSNESS
WOUNDS
HEALED
SHEEP

GOING
ASTRAY
RETURNED
SHEPHERD
OVERSEER
SOULS

CHIEF SHEPHERD
1 Peter 5:2-4

```
W I L L I N G G W T G Y
T K Z N W P N G G J M M
D B W O N I C H A R G E
Y R R V D J G Q I Q O P
S C E A A B M G N V R F
J E F H D P N L E L E G
G N L V P Y P R D I T M
U F D P R E S E H N E L
Y O L O M I H C A A J N
G D L O G A V S G R J D
R G N H C V X E L Y S W
Y G T P B K R E L D R W
```

Shepherd the <u>flock</u> of <u>God</u> that is among you, exercising <u>oversight</u>, not under compulsion, but <u>willingly</u>, as God would have you; not for shameful <u>gain</u>, but <u>eagerly</u>; not domineering over those in your <u>charge</u>, but being <u>examples</u> to the flock. And when the <u>chief Shepherd</u> <u>appears</u>, you will receive the <u>unfading</u> <u>crown</u> of <u>glory</u>.

FLOCK	EXAMPLES
GOD	CHIEF
OVERSIGHT	SHEPHERD
WILLING	APPEARS
GAIN	UNFADING
EAGER	CROWN
CHARGE	GLORY

THE WORD OF LIFE
1 John 1:1

```
B W H W O R D D R G
H E K E N E E L N N
A G G V A H Y I T M
N N R I C R N E I R
D Y Y U N R D A S D
S L O W E N L G E J
S T I C H C I K L L
R E N F O I O N N X
L O E R E O C N G V
C R P N L Y Z H D Y
```

That <u>which</u> was from the <u>beginning</u>, which we have <u>heard</u>, which we have <u>seen</u> with our <u>eyes</u>, which we have <u>looked</u> at and our <u>hands</u> have <u>touched</u>— this we <u>proclaim</u> <u>concerning</u> the <u>Word</u> of <u>life</u>.

WHICH	HANDS
BEGINNING	TOUCHED
HEARD	PROCLAIM
SEEN	CONCERNING
EYES	WORD
LOOKED	LIFE

THE ETERNAL LIFE
1 John 1:2-3

```
A P R O C L A I M V G
P I H S W O L L E F R
P T N C L N F D L D Z
E R E I H A E A P R G
A S F S T R N E D X T
R E U H T R I R S K Q
E M E S E I A S Z L Q
D R O T E E F H T I W
J N E G H J R Y G L M
```

The life _appeared_; we have _seen_ it and _testify_ to it, and we _proclaim_ to you the _eternal_ _life_, which was _with_ the _Father_ and has appeared to us. We proclaim to you what we have seen and _heard_, so that you also may have _fellowship_ with us. And our fellowship is with the Father and with his _Son_, _Jesus_ _Christ_.

APPEARED
SEEN
TESTIFY
PROCLAIM
ETERNAL
LIFE
WITH

FATHER
HEARD
FELLOWSHIP
SON
JESUS
CHRIST

OUR ADVOCATE
1 John 2:1

```
N S Z A Q E N T R L N B Y
E G X Q N I L I T H E S E
R N Y E S Y G T N N B Q J
D I F M T H O J T Y Z R R
L H Y A T A E N G I X M X
I T E E T S C N E B L N L
H T O V U H I O B R L R N
C U S S A T E R V B J L T
S D T I I H K R P D K R X
B O Z R R T Z Y J Y A L J
Y E W N W H G M X W J L T
T S Q L T Q C X N T L J K
```

My <u>little</u> <u>children</u>, *I am* <u>writing</u> <u>these</u> <u>things</u> *to you so that you may not* <u>sin</u>. *But if* <u>anyone</u> <u>does</u> *sin, we* <u>have</u> *an* <u>advocate</u> *with the* <u>Father</u>, <u>Jesus</u> <u>Christ</u> *the* <u>righteous</u>.

LITTLE	DOES
CHILDREN	HAVE
WRITING	ADVOCATE
THESE	FATHER
THINGS	JESUS
SIN	CHRIST
ANYONE	RIGHTEOUS

DESTROYER OF THE DEVIL'S WORK
1 John 3:7-8

```
G Q Y O R T S E D R M L D
V N K S S L V T I B C M L
S X I K I I I G L H M J B
R E R N E N H T I P D O G
D O C C N T N L T E D D T
W E E I E I D I R L N Q M
M D V O T R G A N O E D D
X S U I E C E E S G B N Y
J S O N L P A A B T Z L K
B D G N P Z E R L M L X Y
R N N A M R R J P N T N M
```

Little children, let no one *deceive* you. Whoever *practices* righteousness is *righteous*, as he is righteous. Whoever makes a practice of *sinning* is of the devil, for the devil has been sinning from the *beginning*. The *reason* the *Son* of *God* *appeared* was to *destroy* the *works* of the *devil*.

LITTLE
CHILDREN
DECEIVE
PRACTICES
RIGHTEOUS
SINNING
BEGINNING

REASON
SON
GOD
APPEARED
DESTROY
WORKS
DEVIL

SACRIFICE FOR OUR SINS
1 John 4:9-10

```
S H G N I N O T A
A G D J L E N O S
C U X E V O O R D
R O P I W N V T K
I R L P L O A E D
F H S Y S M H L B
I T J E O I R S G
C G N N N O N O Y
E O G Q W T D S W
```

This is how <u>God</u> <u>showed</u> his <u>love</u> <u>among</u> us: He <u>sent</u> his <u>one</u> and <u>only</u> <u>Son</u> into the <u>world</u> that we might <u>live</u> <u>through</u> him. This is love: not that we loved God, but that he loved us and sent his Son as an <u>atoning</u> <u>sacrifice</u> for our <u>sins</u>.

GOD	SON
SHOWED	WORLD
LOVE	LIVE
AMONG	THROUGH
SENT	ATONING
ONE	SACRIFICE
ONLY	SINS

THE FAITHFUL WITNESS
Revelation 1:4b–5a

```
L R U L E R P H T Z V N
U K S P Y E Y J T B R X
F I J P M S C W N R N T
H N R O I H E R V J A J
T G C N R R O V T L E E
I S W I Y B I W E S D M
A W S I T P E T U N P D
F T E S T N E S S N P M
L D R C O N M A M B M L
M I E R A D E K C X D Y
F Q H A V R R S Z E T D
Y T L Q D K G Y S P Z D
```

Grace to you and peace from him who is and who was and who is to come, and from the seven spirits who are before his throne, and from Jesus Christ the faithful witness, the firstborn of the dead, and the ruler of kings on earth.

GRACE	FAITHFUL
PEACE	WITNESS
COME	FIRSTBORN
SEVEN	DEAD
SPIRITS	RULER
THRONE	KINGS
JESUS	EARTH
CHRIST	

FIRST AND LAST
Revelation 1:16b-17

```
F T A R G G F I R S T M L
E L H J L K N A F R A I D
L T B O M J N I G M F D Q
L L P R U W J R N A L T J
Q D M V I G J D C I E M N
Z V W Q L L H E N E H G P
D E C A L P L R F A L S M
Z R N L S J L I K V H Z B
M U N D A J L G A M V B J
S X A B D S B H R N J Z P
W E B M V Y T T T T C L G
D Y D J Y N V D Z Q J E Y
```

His <u>face</u> was like the <u>sun</u> <u>shining</u> in <u>all</u> its <u>brilliance</u>. When I <u>saw</u> him, I <u>fell</u> at his <u>feet</u> as <u>though</u> <u>dead</u>. Then he <u>placed</u> his <u>right</u> <u>hand</u> on me and said: "Do not be <u>afraid</u>. I am the <u>First</u> and the <u>Last</u>."

FACE	THOUGH
SUN	DEAD
SHINING	PLACED
ALL	RIGHT
BRILLIANCE	HAND
SAW	AFRAID
FELL	FIRST
FEET	LAST

THE LIVING ONE
Revelation 1:18-19

```
M T J L Y M D D Z D G M
W Q Q T B Y E H O L D B
D E A T H A L T N W X M
K L S Q D V K B R P B T
D B E W N P B E Z P V Y
R Z E Y L W L E Y S L J
Y E N N R I V A E S N R
R X V I K I V D C O L L
R E T E L O A I E E N W
Y E T A W H O K N K R E
Z B N A B O N L D G A B
W G B L L B N B Y Q B T
```

"I am the _Living_ _One_; I was _dead_, and _now_ _look_, I am _alive_ for _ever_ and ever! And I _hold_ the _keys_ of _death_ and _Hades_. _Write_, therefore, what you have _seen_, what is now and what will _take_ _place_ _later_."

LIVING	KEYS
ONE	DEATH
DEAD	HADES
NOW	WRITE
LOOK	SEEN
ALIVE	TAKE
EVER	PLACE
HOLD	LATER

HOLDER OF THE KEY OF DAVID
Revelation 3:7

```
A I H P L E D A L I H P
C R K E S E R S Z Q G K
H L N E T H D T Q D G L
U O E I Y R U M T R U E
R K R G O S H T D X Z L
C W Q W N O T A S J Q T
H Z T E L A V V P Y W V
T W P D H I Y P K Z R Y
J O S W D H O L Y L T J
```

"To the <u>angel</u> of the <u>church</u> in <u>Philadelphia</u> <u>write</u>:
    These are the <u>words</u> of him who is <u>holy</u> and <u>true</u>, who <u>holds</u> the <u>key</u> of <u>David</u>. <u>What</u> he <u>opens</u> no <u>one</u> can shut, and what he <u>shuts</u> no one can open."

ANGEL	HOLDS
CHURCH	KEY
PHILADELPHIA	DAVID
WRITE	WHAT
WORDS	OPENS
HOLY	ONE
TRUE	SHUTS

THE AMEN
Revelation 3:14

```
G A L C D L O C R B Z W Q
N L E E H L T L Q C B Q M
I U T C G U L R R J B L Y
N F N Y I N R E U S T L V
N H J Y E D A C S E Y R R
I T W M S T O E H R T G T
G I A O I D N A E T I R W
E A D O R T R H L R Y Z L
B F N O I K B O O K N O W
R D T W G D S N W T X R K
```

"And to the <u>angel</u> of the <u>church</u> in <u>Laodicea</u> <u>write</u>: 'The <u>words</u> of the <u>Amen</u>, the <u>faithful</u> and <u>true</u> <u>witness</u>, the <u>beginning</u> of <u>God's</u> <u>creation</u>. I <u>know</u> your <u>works</u>: you are neither <u>cold</u> nor <u>hot</u>. Would that you were either cold or hot!"

ANGEL	WITNESS
CHURCH	BEGINNING
LAODICEA	GOD
WRITE	CREATION
WORDS	KNOW
AMEN	WORKS
FAITHFUL	COLD
TRUE	HOT

VICTORIOUS ONE
Revelation 3:21-22

```
V F A T H E R N R E V I G
S I M Z R G W E L E N X X
T E C G Q O V X A E W D P
H N H T D E T R N T T M B
G W Q C O H S O Z N B W R
I Z T H R R T I R I P S B
R I W O H U I B W I L L R
S M N Q X E H O S Y A S Z
D E M X L M A C U W N R L
Q M N D R L X R N S V T B
```

"To the <u>one</u> who is <u>victorious</u>, I <u>will</u> <u>give</u> the <u>right</u> to <u>sit</u> with me on my <u>throne</u>, just as I was victorious and sat <u>down</u> with my <u>Father</u> on his throne. <u>Whoever</u> has <u>ears</u>, let them <u>hear</u> what the Spirit <u>says</u> to the <u>churches</u>."

ONE	FATHER
VICTORIOUS	WHOEVER
WILL	EARS
GIVE	HEAR
RIGHT	SPIRIT
SIT	SAYS
THRONE	CHURCHES
DOWN	

THE LION OF THE TRIBE OF JUDAH
Revelation 5:5

```
W Z Y Q L P N S E A L S
Y E N H O L E O Y R Q T
R S E T T V O T I N P Z
O R S P E R H R J L D T
T E J N I R O L C B L N
C D P U O N O W H S L W
I L A N D O G E B I R T
V E E V K A I N E P O V
D Z J N I R H Q Q L P Y
D G B G R D K J B T G L
```

But one of the twenty-four _elders_ said to me, "_Stop_ _weeping_! _Look_, the _Lion_ of the _tribe_ of _Judah_, the _heir_ to _David's_ _throne_, has won the _victory_. He is _worthy_ to _open_ the _scroll_ and its _seven_ _seals_."

ELDERS	DAVID
STOP	THRONE
WEEPING	VICTORY
LOOK	WORTHY
LION	OPEN
TRIBE	SCROLL
JUDAH	SEVEN
HEIR	SEALS

WORTHY LAMB
Revelation 5:11b-12

```
B M M E Z P J N E L D J P M
L Q G L O R Y C M E S J J Z
E M B D P R I O R E E B Q J
S A Y E J O D E R N M T B L
S N L R V S T U O Y Y L Y M
I G A S I H T R Z H Y J N N
N E M W G A H P T R R D B J
G L B U E T D R W E A L T H
R S A R M K O S W M I G H T
Y L C D B W H O N O R V D J
S L N L Y P P P P M P T Y J
```

*I heard the <u>voice</u> of many <u>angels</u>
surrounding the <u>throne</u> and the living
<u>creatures</u> and the <u>elders</u>; they numbered
<u>myriads</u> of myriads and thousands of
thousands, singing with full voice,*
   *"<u>Worthy</u> is the <u>Lamb</u> that was
     <u>slaughtered</u>
  to receive <u>power</u> and <u>wealth</u> and
    <u>wisdom</u> and <u>might</u>
 and <u>honor</u> and <u>glory</u> and <u>blessing</u>!"*

VOICE
ANGELS
THRONE
CREATURES
ELDERS
MYRIADS
WORTHY
LAMB

SLAUGHTERED
POWER
WEALTH
WISDOM
MIGHT
HONOR
GLORY
BLESSING

LAMB
Revelation 13:7-8

```
P S N A T I O N Y B X Y N
J R L A U T H O R I T Y Y
I N H A B I T A N T S L R
P M F O U N D A T I O N N
E T R Y H G P V E L A M B
O Q R T W I H G W O R L D
P B R I H R A T L L D L X
L A O S B U I N E I T L B
E T R O G E N T R R F G D
X O W N K D A Z T T E E D
W J A L M N M K L E Q D L
X L Q M N V E Z D J N M J
```

It was given <u>authority</u> over every <u>tribe</u> and <u>people</u> and <u>language</u> and <u>nation</u>, and all the <u>inhabitants</u> of the <u>earth</u> will <u>worship</u> it, everyone whose <u>name</u> has not been <u>written</u> from the <u>foundation</u> of the <u>world</u> in the <u>book</u> of <u>life</u> of the <u>Lamb</u> that was <u>slaughtered</u>.

AUTHORITY
TRIBE
PEOPLE
LANGUAGE
NATION
INHABITANTS
EARTH
WORSHIP

NAME
WRITTEN
FOUNDATION
WORLD
BOOK
LIFE
LAMB
SLAUGHTERED

KING OF THE NATIONS
Revelation 15:3

```
S K L D L G W S B Y
N G K O N D E A T J
O L N I R R E H Y L
I A K I V D G E G S
T M S A Z I Z B D T
A B N O M A S T A S
N T J L N E M E B E
J D A U S G R A U P
R B D O S G T R Q D
B V M Q R T T B D N
```

And they sing the _song_ of _Moses_, the _servant_ of God, and the song of the _Lamb_:
  "_Great_ and _amazing_ are your _deeds_,
  LORD God the _Almighty_!
  Just and _true_ are your _ways_,
  King of the _nations_!"

SONG	LORD
MOSES	ALMIGHTY
SERVANT	JUST
LAMB	TRUE
GREAT	WAYS
AMAZING	KING
DEEDS	NATIONS

LORD OF LORDS
Revelation 17:14

```
L T V Q L X X D L C R V J
U M K G R V N Y A M X M K
F W A R L W A L T J P B K
H N M L I N L G R J L B F
T N E T D E T W A G N O R
I D H S D Y A R O I L M R
A L Q T O G T V I L N E Y
F Q R N E H E B O U S S M
T B M A L R C W Y U M L T
R D R G L M E X A L Z P B
R K N Y R R N C G O J N H
T I Z R S Z E Z B D Q V
K Z N B P B R V T D B B T
```

They will <u>wage</u> <u>war</u> <u>against</u> the <u>Lamb</u>, but the Lamb will <u>triumph</u> <u>over</u> them <u>because</u> he is <u>LORD</u> of lords and <u>King</u> of kings—and <u>with</u> him will be his <u>called</u>, <u>chosen</u> and <u>faithful</u> followers.

WAGE	LORD
WAR	KING
AGAINST	WITH
LAMB	CALLED
TRIUMPH	CHOSEN
OVER	FAITHFUL
BECAUSE	FOLLOWERS

FAITHFUL AND TRUE
Revelation 19:11

```
K K Z J W J Y L N N N K P R
S T V W M Q J E Q Z R R I Q
D S J W Q W V T B Y K D A M
E R E V L A J U D G E S B W
N S M N E Y G J W R V Z D B
B B R H S B B H T L T Z T B
R R W O D U I K U D J M Q X
S M O Y H T O F D E L L A C
L E Q P E V H E G V U Z N Z
T S K B E T J L T M J R D Z
H A N A I N X T M H L M T P
E W N A M E J D J G V D Z
N T F B B L R D R R B I X L
N K L P Y P B N D J M R R R
```

Then I saw heaven opened, and there was a white horse! Its rider is called Faithful and True, and in righteousness he judges and makes war.

THEN	CALLED
SAW	FAITHFUL
HEAVEN	TRUE
OPENED	RIGHTEOUSNESS
WHITE	JUDGES
HORSE	MAKES
RIDER	WAR

THE WORD OF GOD
Revelation 19:12-13

```
B N D B R K W L L I T B V J
L D L E D O N D N P S E Y E
O D A D H Z B S E S N T Y T
O L T E T T C E M L W T W V
D B D B H R O E N J L O J Y
R L T M I R D L Z R D A R R
V N Q B K A N E C L L G C D
D M E H I L M Z S N O Z K N
E D T D I A L X W D J Z J D
P Q N Z L M D D O E R I F T
P W G F R T S R N K L N Z V
I N N G J Q B E K T A D T X
D Q M G W L W V L M Y Z V R
G P K W Z R V M E F Y J B G
```

His _eyes_ are like a _flame_ of _fire_, and on his _head_ are many _diadems_; and he has a _name_ _inscribed_ that no one _knows_ but _himself_. He is _clothed_ in a _robe_ _dipped_ in _blood_, and his name is _called_ The _Word_ of _God_.

EYES	HIMSELF
FLAME	CLOTHED
FIRE	ROBE
HEAD	DIPPED
DIADEMS	BLOOD
NAME	CALLED
INSCRIBED	WORD
KNOWS	GOD

THE ALPHA AND THE OMEGA
Revelation 22:12-13

```
R R D G D L Z D A G E M O
G E N L A N H Q N N T D Z
N P C S O C E I Y D D D B
I A T O A H G Q T J Y D T
N Y L E M N E K Z D L D B
N G D P I P R B Z L R B Z
I F N R H E E S O O N V R
G I B I P A N N W R W B T
E R N L M Q Y O S G X N J
B S V N G O M Y D E X L D
Q T P T T D C Y R W W N M
```

"Behold, I am coming soon, bringing my recompense with me, to repay each one for what he has done. I am the Alpha and the Omega, the first and the last, the beginning and the end."

BEHOLD	DONE
COMING	ALPHA
SOON	OMEGA
BRINGING	FIRST
RECOMPENSE	LAST
REPAY	BEGINNING
EACH	END

TREE OF LIFE
Revelation 22:14-15

```
S R E T A L O D I Y P P Y
T Y P T M B R M T R W Z L
E D I S T U O J A L B T D
L R D Q X N R C M W L O N
R N Z O R G T D X Y G B P
Z O I T O I B L E S S E D
N C B M C H G L N R P K J
P Q I E M M E H I T E M X
Z L S G S O G S T F W R C
Z Z T N A A R J L A E I S
R G R R T M B A S A T R P
J M J E E D R H L Y F G X
B T S M N E D D L B X T Y
```

Blessed are those who *wash* their *robes*, that they may have the *right* to the *tree* of *life* and may go through the *gates* into the *city*. *Outside* are the *dogs*, those who practice *magic* arts, the sexually *immoral*, the *murderers*, the *idolaters* and everyone who loves and *practices* *falsehood*.

BLESSED	OUTSIDE
WASH	DOGS
ROBES	MAGIC
RIGHT	IMMORAL
TREE	MURDERERS
LIFE	IDOLATERS
GATES	PRACTICES
CITY	FALSEHOOD

BRIGHT MORNING STAR
Revelation 22:16

```
T Z M N T T D S K W
S N L O H J E J B T
U Y A E R H J R L W
S T S D C N I Y T Y
E E H R N G I E W A
J D U I H E S N N G
R H I T N T C G G T
C A N V I G E S O G
N E T F A L S O E R
S X Y S N D R B N D
```

"I, Jesus, have sent my angel to testify to you about these things for the churches. I am the root and the descendant of David, the bright morning star."

JESUS
SENT
ANGEL
TESTIFY
THESE
THINGS
CHURCHES

ROOT
DESCENDANT
DAVID
BRIGHT
MORNING
STAR

ANSWER KEY

SHILOH
Genesis 49:10

T G M E B W L O K Y B
L N T L R I J E T E D
N I M R T T L U T N S
R R M N A P P W D H U
P E U Y O P E E A A Y
J H V E R E E L C D H
T T P I N M L D V S R
T E A C Y G H O L I H S
E G O B R W Q L L M G
E Y M W B M A N W D N
B Q E Z V Z Q L P M Z

DAVID'S OFFSPRING
2 Samuel 7:12-13

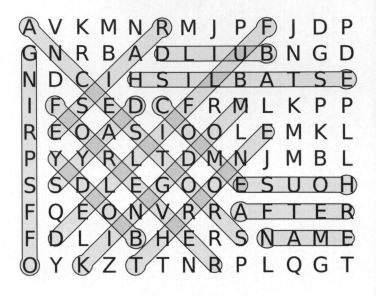

A V K M N R M J P F J D P
G N R B A D L I U B N G D
N D C I H S I L B A T S E
I F S E D C F R M L K P P
R E O A S I O O L E M K L
P Y Y R L T D M N J M B L
S S D L E G O O E S U O H
F Q E O N V R R A F T E R
F D L I B H E R S N A M E
O Y K Z T T N R B P L Q G T

REDEEMER
Job 19:25-27

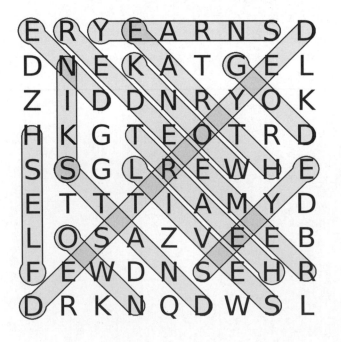

E R Y E A R N S D
D N E K A T G E L
Z I D D N R Y O K
H K G T E O T R D
S S G L R E W H E
E T T T I A M Y D
L O S A Z V E E B
F E W D N S E H R
D R K N Q D W S L

THE CORNERSTONE
Psalm 118:22-24

J Q R L M L P R R Q N N M V
L P Y S X N G E W R N W R K
X Y I E P D J X L Z B P Q P
M H M N L E R E J O I C E L
T D M O C U R T B L R L Y D
M J L T T P F B T Y D D L M
A X E S Z B S R E D L I U B
D D B R B M T D E E W N V Y
E P Z E D L A N M D O W J D
Z J Z N B L G G O L W N Y M B
J Z P R G R J C N B Y A O L X
V R L O Q E M L I D Z P W N
T N M C B T Q V M O Z Z N K
T Q M D T D W Z Q V D M N J

THE BRANCH OF THE LORD
Isaiah 4:2

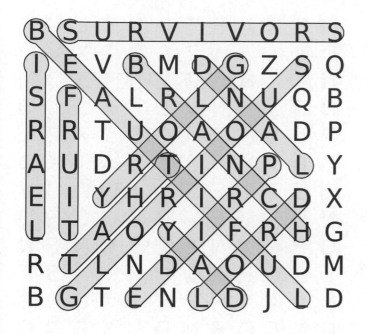

IMMANUEL
Isaiah 7:14

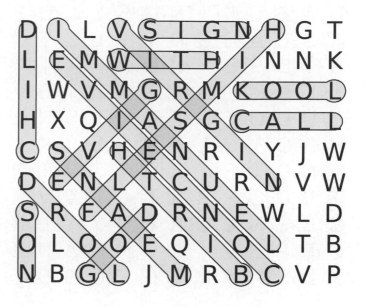

GREAT LIGHT
Isaiah 9:2-3a

PRINCE OF PEACE
Isaiah 9:6

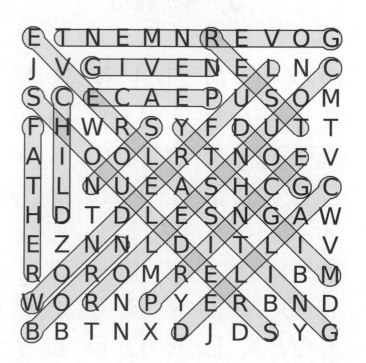

ROOT OF JESSE
Isaiah 11:10

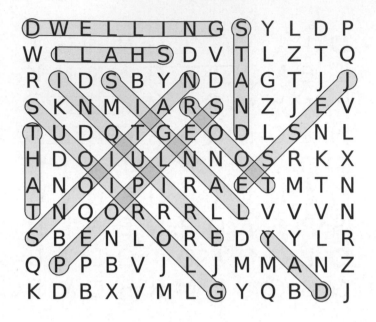

SOVEREIGN LORD
Isaiah 25:7-8a

THE GLORY OF THE LORD
Isaiah 40:5

HOLY ONE OF ISRAEL
Isaiah 41:14

THE ELECT OF GOD
Isaiah 42:1

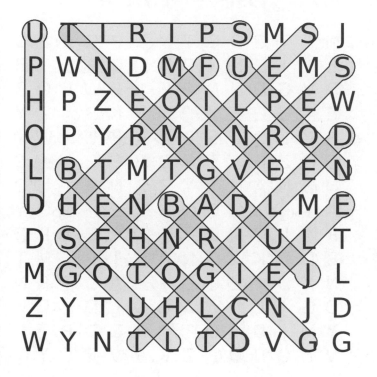

THE ARM OF THE LORD
Isaiah 53:1-2

A MAN OF SUFFERING
Isaiah 53:3

THE MIGHTY ONE OF ISRAEL
Isaiah 60:16b, 17b

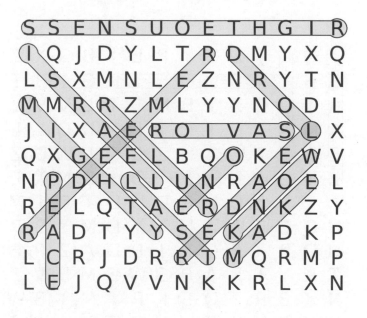

EVERLASTING LIGHT
Isaiah 60:19

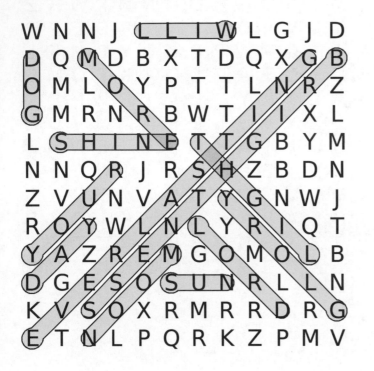

THE RIGHTEOUS BRANCH OF DAVID
Jeremiah 23:5

THE LORD IS OUR RIGHTEOUSNESS
Jeremiah 23:6

THE ANOINTED ONE
Daniel 9:25

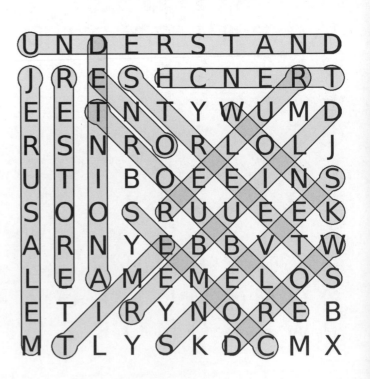

RULER OF ISRAEL
Micah 5:2

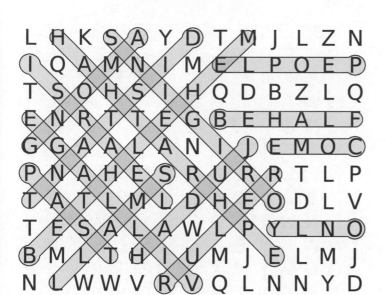

OUR PEACE
Micah 5:4-5a

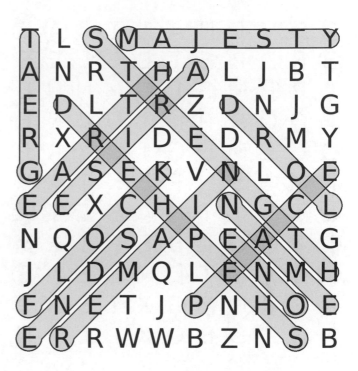

THE DESIRE OF NATIONS
Haggai 2:6-7

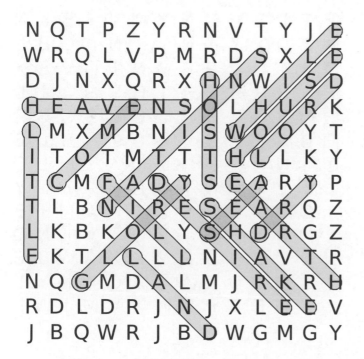

ZION'S KING
Zechariah 9:9

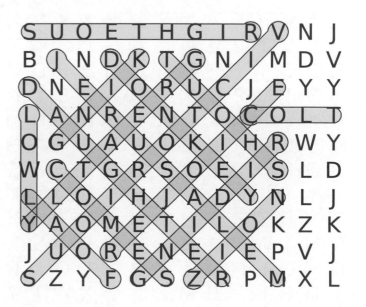

MESSENGER OF THE COVENANT
Malachi 3:1

SUN OF RIGHTEOUSNESS
Malachi 4:2

JESUS
Matthew 1:20-21

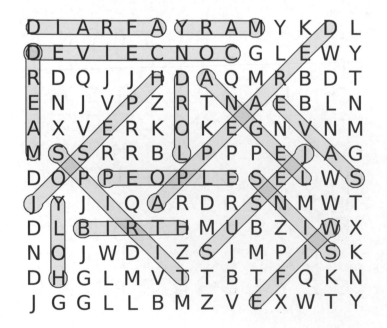

GOVERNOR
Matthew 2:5b-6

SON OF GOD
Matthew 2:14-15

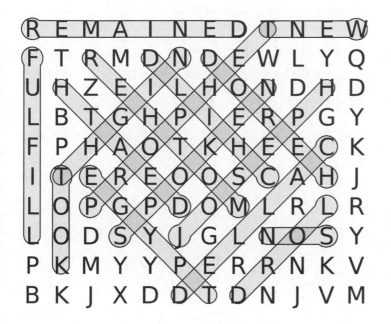

NAZARENE
Matthew 2:22b-23

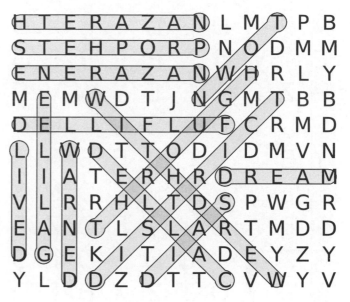

THE BELOVED
Matthew 3:16-17

THE BRIDEGROOM
Matthew 9:15

SON OF DAVID
Matthew 9:27-29

GOD'S DELIGHT
Matthew 12:17-18

PROCLAIMER OF THE HIDDEN
Matthew 13:34-35

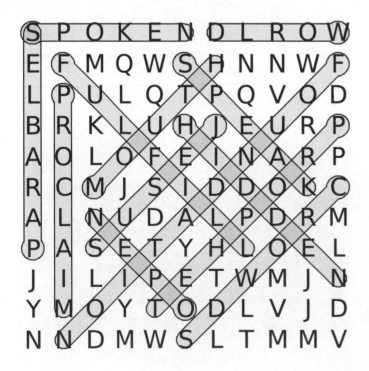

THE CHRIST
Matthew 16:15-17

THE PROPHET FROM NAZARETH
Matthew 21:10-11

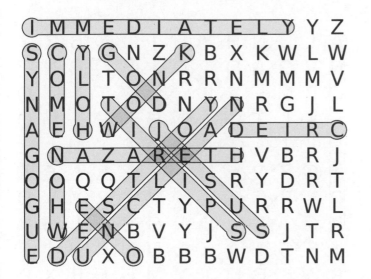

```
M B N Z X G D J N W T W
E D E R R I T S H O L Z
L N Z Y Q D Q H Q M Q
A A S L J V L W M Q Z W
S Z Y D Y E N T E R E D
U A N S W E R E D P K C
R R T J P O E D R Y I T
E E T Z E L R O E T Y Y
J T M Y I S P C Y K T K
D H V L K H U W Q T S Z
P D A R E R V S P P P A
J G N T Z T K Z T D Y V
```

ALL AUTHORITY
Matthew 28:18-20a

```
N N G V S P S Z W J D L K T
Q X X N P G J O J E R J R D
W J P Q I M J Q N S L P K H
M A K E R H N G E U L L E K
W R U K I R C L R S J A W N
B Z Y T M P A K L V R E H
A G Y N H I H Y E E K V O J
P S D P C O T L N T I L J T
T T N S N J R T G Y D D F
I D I O M V A I Y E B O A R
Z D Q M I N E D T D W N
I N L L T T M Y P Y H Z K
N V Z T L P A M J E M R D P
G Z M P B R K N R X G X L M
```

HOLY ONE OF GOD
Mark 1:23-24

```
I M M E D I A T E L Y Y Z
S C Y G N Z K B X K W L W
Y O L T O N R R N M M M V
N M O T O D N Y N R G J L
A E H W I J O A D E I R C
G N A Z A R E T H V B R J
O O Q Q T L I S R Y D R T
G H E S C T Y P U R R W L
U W E N B V Y J S S J T R
E D U X O B B B W D T N M
```

SON OF MARY
Mark 6:2b-3

```
P Y M M V M S B M T T K P
R O Y K N W O R M J L Z
N M W D C R R D E R N G J
X L B E A L E O S T Y W M
R Y Z J R Y F H T I S T N
R P R D P F D W T G W I R
D T O W E V J L D O Y D S
S N J N N S D N A H R R
E E S B T B R N S M A B N
S E S D E E D A O M A E L
O R Y O R L D K E M V R T
N M B N J U J S M I X Y
R P T M J Y Z P G T B S P
```

PROPHET
Mark 6:4-5

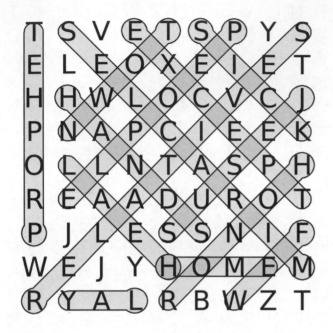

RABBI
Mark 9:4-5

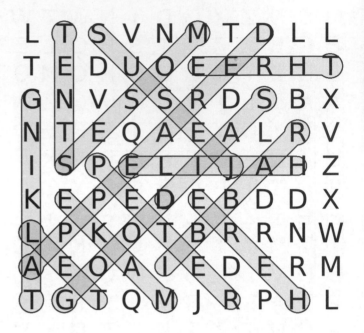

SON OF THE BLESSED ONE
Mark 14:61b-62

SON OF THE MOST HIGH
Luke 1:32-33

HORN OF SALVATION
Luke 1:67-69

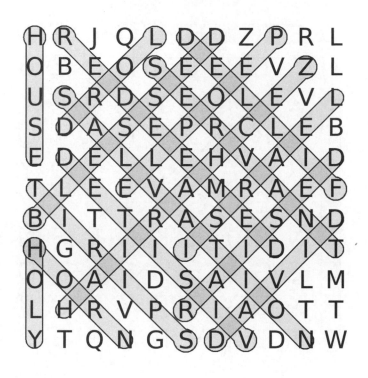

SUNRISE
Luke 1:76b-78

SAVIOR
Luke 2:11-12

CONSOLATION OF ISRAEL
Luke 2:25-26

MASTER
Luke 5:4-6

THE CHRIST OF GOD
Luke 9:18b-20

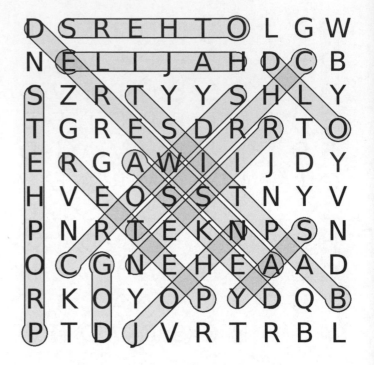

SON OF MAN
Luke 19:9-10

CHOSEN ONE
Luke 23:35

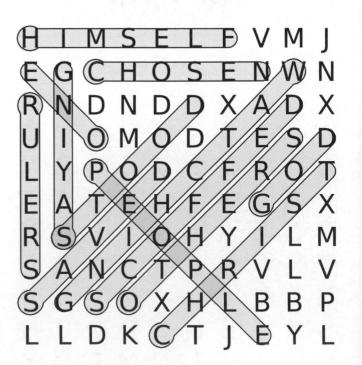

KING OF THE JEWS
Luke 23:36-38

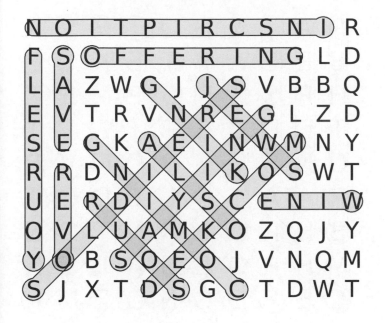

THE WORD
John 1:1-5

TRUE LIGHT
John 1:6-9

THE ONE AND ONLY SON
John 1:17-18

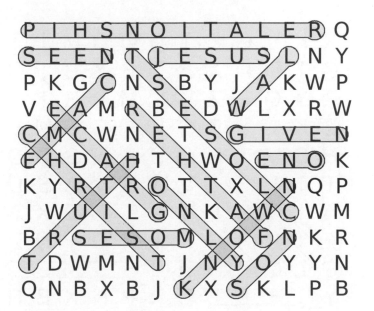

THE LAMB OF GOD
John 1:29-30

```
G M P J D B Y G M M X N P
M R R R R M S T O T G Z R
Y L Q Z D E B D J D N R D
W S I N M R M Z D E R E S
B E F O R E D R J E S E J
T G C W N L A L T S K U Y
M L J A R W B F A A L B S
L V M O O N A P T L O O K
A X W T H E R R L L Z M N
W L B O N U V W X A R Y X
A X J O S D Y D B D M X N
Y K N P D N R L T R L B K
```

MESSIAH
John 1:40-41

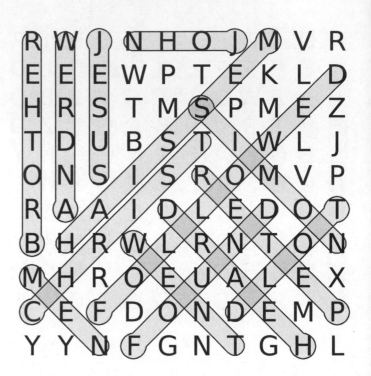

THE BREAD OF GOD
John 6:32-33

```
X K V G E T G O D M T T
Q T D D X F X B Y B J D
R Y Q L Z H I M P R J Z
E K L Y R S E L O G M V
H Q V T N O U A N S D Q
T J L E T V W S V A E D
A J V R E V L T E E X S
F I U R E K T R D J N Z
G L Y P D U B S E M O C
Y T E L L O R P N X B N
Y J N I K R K W T D W R Z
L M K L Q J P N T N Z B
```

THE BREAD OF LIFE
John 6:35

```
M D Q D W T J G B Z N S
R R N T H I R S T Y U D
Y Y B B R O X V X Q S N Z
B B T Y E B J X E Z W Q
K E D M V S R J L B M T
C N L Z E L A E R B D S
N O Z I R H B I A R L L
T E M M E T U R D D D E
P N V E D V M N L F N
P Y M E S T E L G I D Q
M R Q Z B Z I S L R C N
Y J T J W W Z D Q Z V
```

LIFE OF THE WORLD
John 6:51

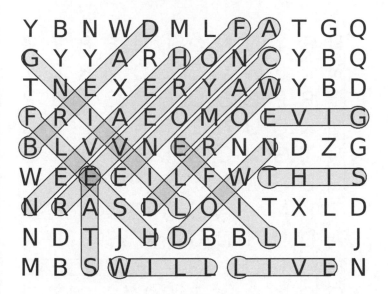

THE LIGHT OF THE WORLD
John 8:12

THE TRUTH
John 8:31-32

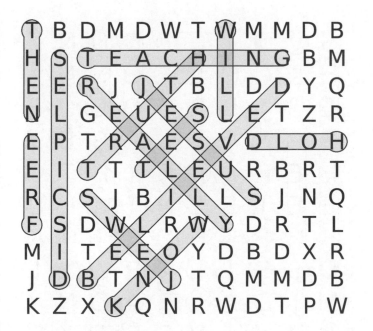

SON WHO SETS FREE
John 8:34-36

I AM
John 8:57-58

THE DOOR
John 10:5-7

THE GATE
John 10:8-9

THE GOOD SHEPHERD
John 10:14-16

THE RESURRECTION AND THE LIFE
John 11:25-26

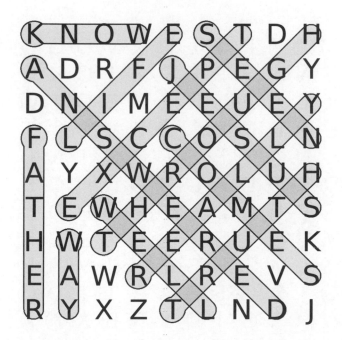

```
W Y B P S D L E M M D T J
N M D J U D V R V M N T Y
M O W Z S L Q K B E H T E
B D I J E T I L E O N V Y
R E S T J D K V U S E Y T
Y E L A C M D G E R O M T
M J V I I E H Y Y J K H D
W X D E E D R O J L Y L T
L I K L N V N R I N I X N
E R G N X E E F U W G M N
B N T P Y R E N L S Z N N
Y M M Y D L W P R J E L Q
W V X L V D D D G T D R V
```

TEACHER
John 11:27-29

```
V M Z M E S S I A H T Z
M X G E N Y X M S W Y R
P T M D A T L R D L S Z
S O M W Y D E E E E V M
C O L G T N V T Y D P L
G A N T R E A J L S X B
W J R U I I A R B E Q K
A L O L D M O C W E N I
N M E E N W A L H G J D
T B M V L L O R D E O L
S M Q P K K K Q N Y N R D
I Q X J T Q N X R X Q V
```

THE WAY
John 14:6-7

```
K N O W E S T D H
A D R F J P E G Y
D N I M E E U E Y
F L S C C O S L N
A Y X W R O L U H
T E W H E A M T S
H W T E E R U E K
E A W R L R E V S
R Y X Z T L N D J
```

HELPER
John 14:16-17

```
C L T N Y T Y D Q H Y D Z V
A K N R F A T H E R L N X Y
N B D E Z D Y L D R K K X K
N G R E J Q P W O M R M B S
O J V E N E M W E G Q M L N
T J Y R R B S V J B I L R H
X N Y O K R I P G K E V T Y
W Y M F M E E N I W Q U E K
G D L J C N E H D R R Y N J
K Y S E M I T Z T T I O L X
S B R E T L B Z B O W T Z R
A V K H E G T L T N M B
P J E L P S D P Q P K A P V
Z R N L Z J P P J D K V M G
```

THE TRUE GRAPEVINE
John 15:1-3

```
M R W Y T M P G W W V V Q M
S A R X N T O E Y N X R T Q
D E R B I C U R P R Q D D Q
T B N U X R U R E Y M V T B
B R R U T H O T R X W P P Y
D F N T R D C E S Y V G Z R
P R X R U P V N W L R M K L
U Y E C M E K P A A J Q J N
D E N Q E R T P R R M E N
I A G D E R S E R V B N J Q
F E J Q Y D V S D E I D M N
I R N Z R I R J A M H M Y
E L Z P N V Y A G G N T N M
D A P E Y J M Z G D B R A P
G M T T Z J M T G V T Q X F
```

RABBONI
John 20:15b-17

```
D T M M M X R M S T R D G
W E B M S A L U E L T R M
P L Q U B G P A V M X X X
D I S B X P C G D B L Z X
R E O D O H A S V L K M X
J N N S E R C I A M A R A
I D I R D I Y A B I Y D Z
Z N I E U R R T W K D M T
G T N A A T Y R N A R G D
D E D M L D B K A D Y Q L
R L Z P R D R V B C Y W B
```

LORD
John 20:27-28

```
D D S T L D T B X N D J
E O B A P R W D T V B N
R U M E M M K G T B Y W
E B F N L O J W B B H
W T V I M I H J B M A L
S T G B N G E T H N Y T
N D L R M G X V D E M W
A R E A C H E S E R R Y
S Y Y M B Q D R M D O E
T A T N E G I B R W W L
P U I E O L S B R D Z Z
P D S D J D Q Y B P Y X
```

THE AUTHOR OF LIFE
Acts 3:14-15

```
A L T P V L D K V D G Q
S N I V P E D R J Q K Q
K L L F T N E R B Q J W
E P D N E R D R V S I T
D N A Y E E L Y U T N R
D R Q D A D D O N H O B
G E R D D E E E O H D Y
M U N J S T S L T E G K
M L W I H S Y U L M N B
G J A G E B A R T I D O
O R I S J D Y D Y K Z
D R X Q Q K K L L L L
```

GOD'S SERVANT
Acts 3:25-26

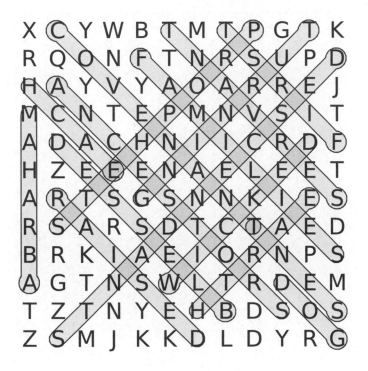

THE STONE THE BUILDERS REJECTED
Acts 4:10-11

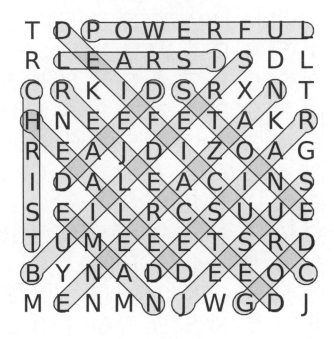

THE NAME BY WHICH WE MUST BE SAVED
Acts 4:12

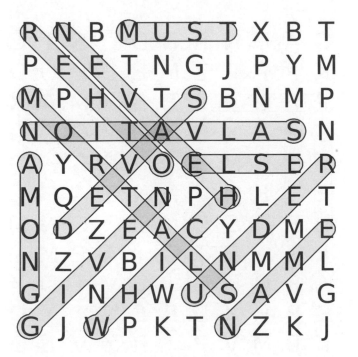

HOLY CHILD
Acts 4:27-28

HOLY SERVANT
Acts 4:29-30

THE RIGHTEOUS ONE
Acts 7:52-53

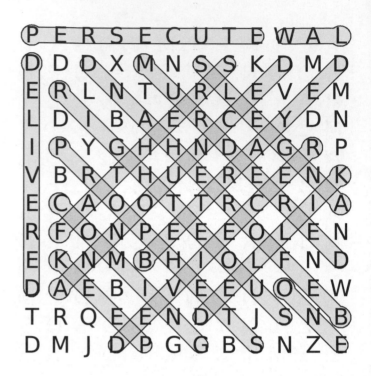

LORD OF ALL
Acts 10:34-36

JUDGE
Acts 10:41-42

GOD BLESSED
Romans 9:4-5

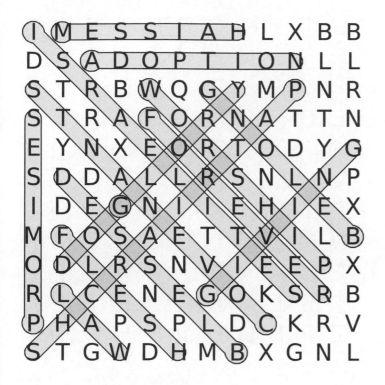

THE DELIVERER
Romans 11:26-27

POWER FROM GOD
1 Corinthians 1:22-24

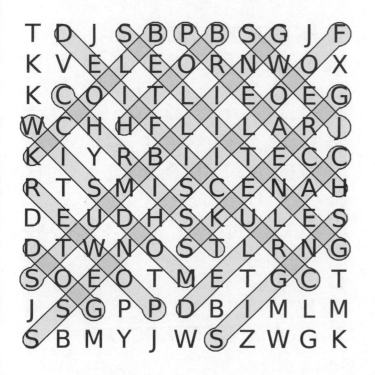

WISDOM FROM GOD
1 Corinthians 1:30-31

LORD OF GLORY
1 Corinthians 2:7-8

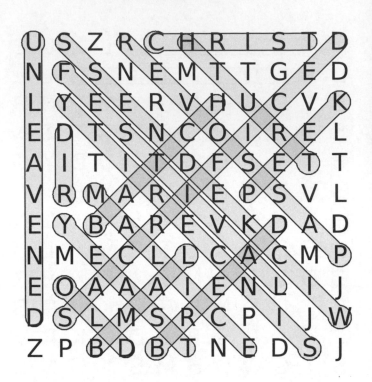

OUR PASSOVER LAMB
1 Corinthians 5:7-8

THE ROCK
1 Corinthians 10:2-4

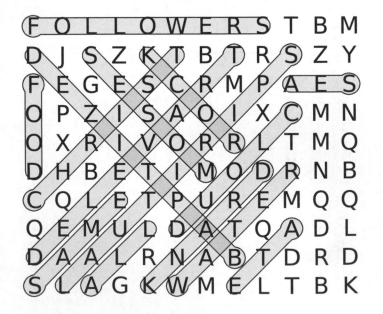

HEAD OF EVERY MAN
1 Corinthians 11:2-3

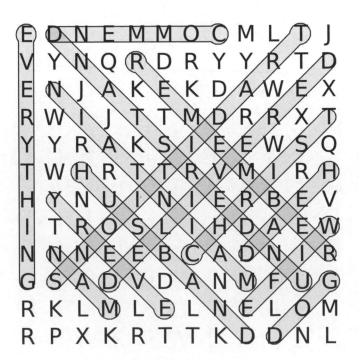

RISEN LORD
1 Corinthians 15:3-5

LAST ADAM
1 Corinthians 15:44-46

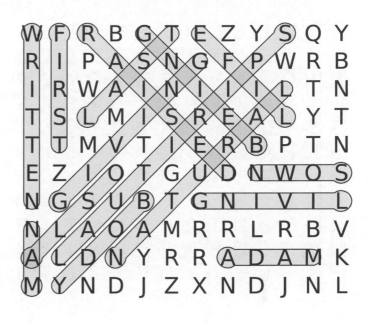

THE HEAVENLY MAN
1 Corinthians 15:47-49

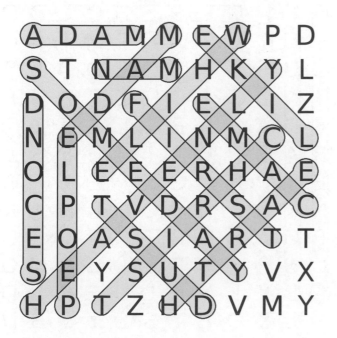

IMAGE OF GOD
2 Corinthians 4:4-5

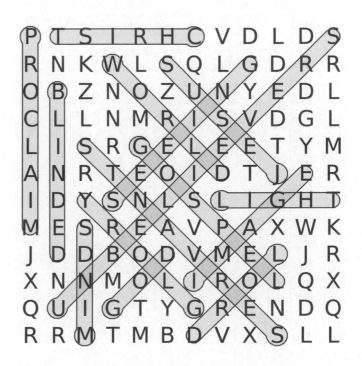

INDESCRIBABLE GIFT
2 Corinthians 9:13-15

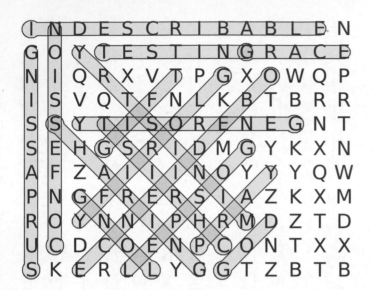

OUR HUSBAND
2 Corinthians 1:2-3

HEAD OF THE CHURCH
Ephesians 1:22-23

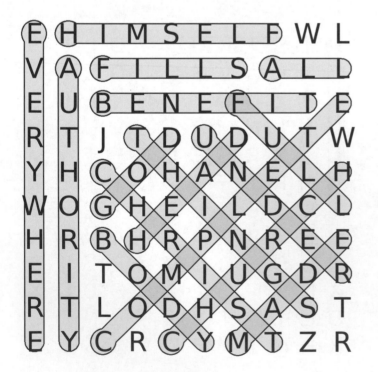

CHIEF CORNERSTONE
Ephesians 2:19-20

NAME ABOVE ALL NAMES
Philippians 2:9-11

VISIBLE IMAGE OF THE INVISIBLE
Colossians 1:15-16

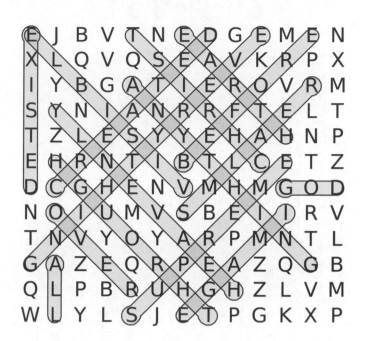

SUPREME OVER ALL
Colossians 1:18b-20a

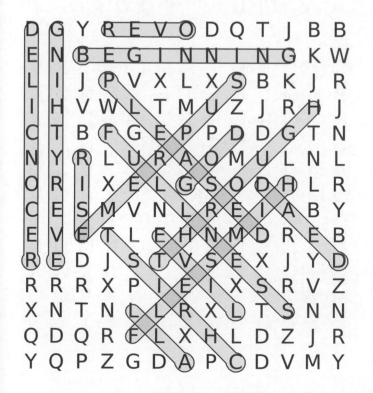

THE HOPE OF GLORY
Colossians 1:25-27

SEATED AT THE RIGHT HAND OF GOD
Colossians 3:1

OUR LIFE
Colossians 3:2-4

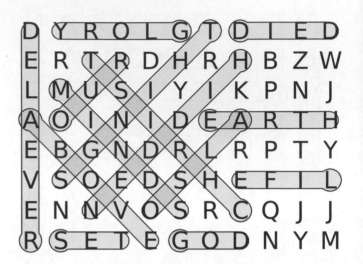

OUR DELIVERER
1 Thessalonians 1:8b-10

OUR STRENGTH AND PROTECTION
2 Thessalonians 3:1-3

OUR HOPE
1 Timothy 1:1-2

KING ETERNAL
1 Timothy 1:16-17

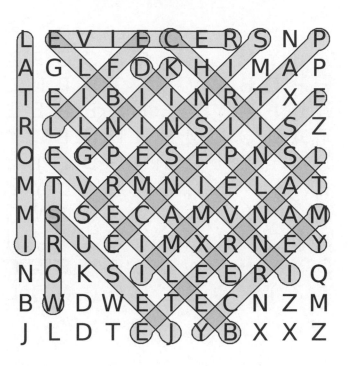

MEDIATOR
1 Timothy 2:3-6

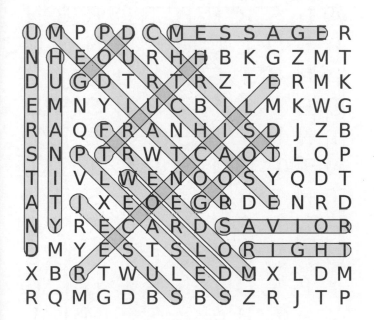

BLESSED AND ONLY SOVEREIGN
1 Timothy 6:13-15

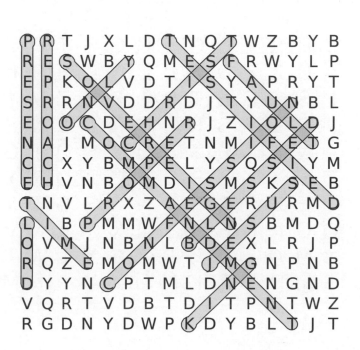

HEIR OF ALL THINGS
Hebrews 1:1-2

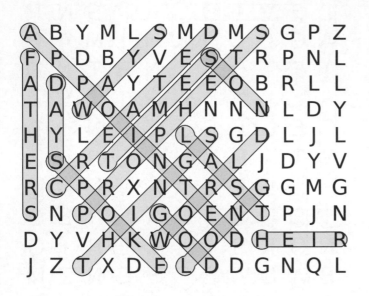

CROWNED IN GLORY AND HONOR
Hebrews 2:8b-9

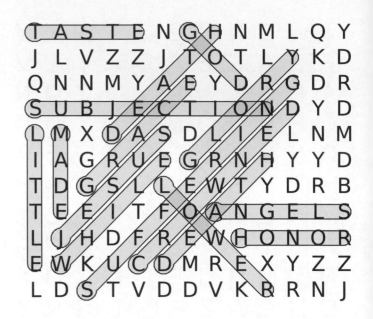

FOUNDER OF SALVATION
Hebrews 2:10

THE APOSTLE
Hebrews 3:1-2

GREAT HIGH PRIEST
Hebrews 4:14-15

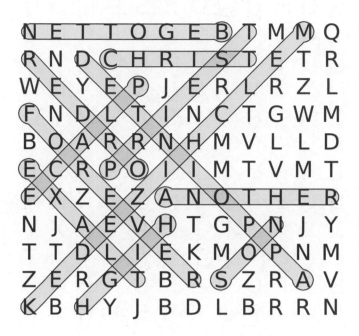

G R E A T T J P N Z X W N T
W L N L N M T N W R N P G L
B D Z R B Z R M J N J W J N
T S E S S E N K A E W N I G
F E M D R G Q Y M W B S O L
I H M Y N D Z P R O F E S S
R T R P W E A J H G D N M S
M I K L T T C K R I E X U K
L A D D H E P S T V G S T P
Y F O I D R D R A Y E H L L
Y G Z M B Q Y E I J L D K K
L E B G R K H L K E M Q V N
P D P N T Z T J L Z S V Z N
N X X B B G R L T B J L X

A PRIEST FOREVER
Hebrews 5:5-6

N E T T O G E B T M M Q
R N D C H R I S T E T R
W E Y E P J E R L R Z L
F N D L T I N C T G W M
B O A R R N H M V L L D
E C R P O I I M T V M T
E X Z E Z A N O T H E R
N J A E V H T G P N J Y
T T D L I E K M O P N M
Z E R G T B R S Z R A V
K B H Y J B D L B R R N

THE SOURCE OF ETERNAL SALVATION
Hebrews 5:9-10

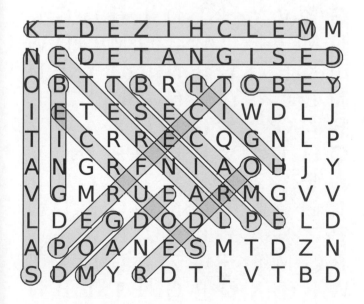

K E D E Z I H C L E M M M
N E D E T A N G I S E D M
O B T T B R H T O B E Y
I E T E S E C I W D L J
T I C R R E C Q G N L P
A N G R F N I A O H J Y
V G M R U E A R M G V V
L D E G D O D L P E L D
A P O A N E S M T D Z N
S D M Y R D T L V T B D

OUR FORERUNNER
Hebrews 6:19-20a

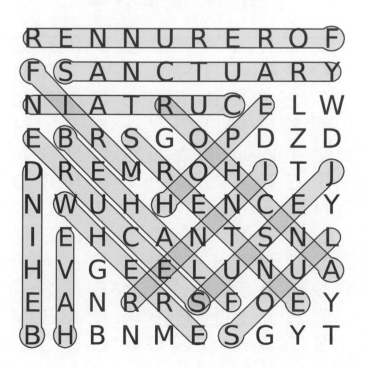

R E N N U R E R O F
F S A N C T U A R Y
N I A T R U C E L W
E B R S G O P D Z D
D R E M R O H I T J
N W U H H E N C E Y
I E H C A N T S N D
H V G E E L U N U A
E A N R R S F O E Y
B H B N M E S G Y T

UNBLEMISHED OFFERING
Hebrews 9:13-14

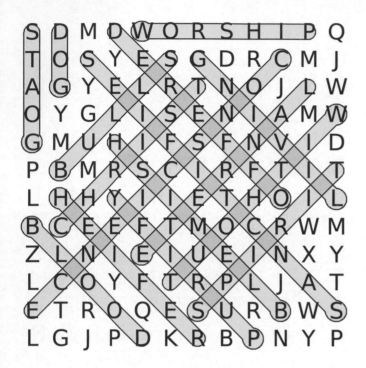

MEDIATOR OF THE NEW COVENANT
Hebrews 9:15

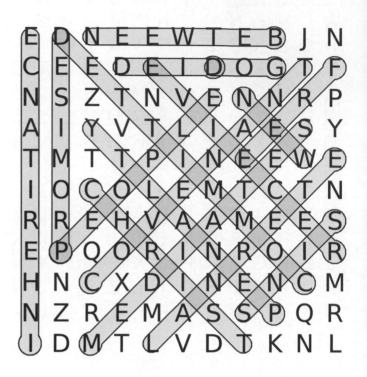

THE PIONEER AND PERFECTER OF FAITH
Hebrews 12:1-2

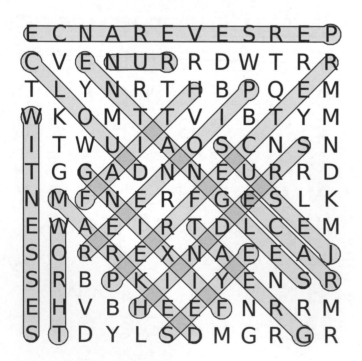

THE GREAT SHEPHERD
Hebrews 13:20-21

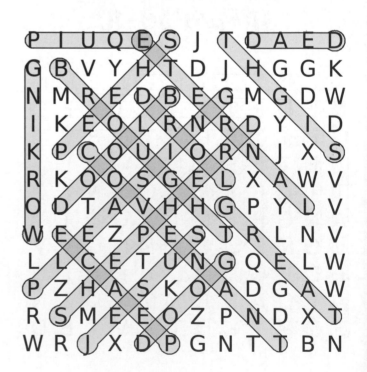

LAMB WITHOUT BLEMISH
1 Peter 1:18-19

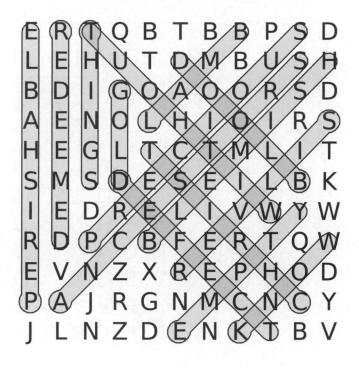

CHOSEN BEFORE THE CREATION
1 Peter 1:20-21

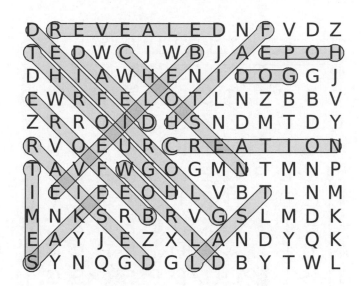

LIVING STONE
1 Peter 2:4-5

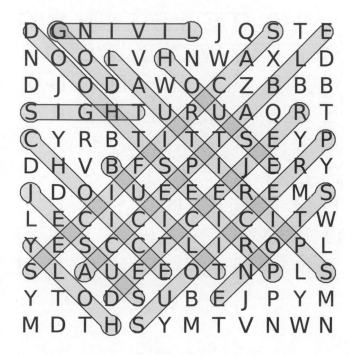

PRECIOUS AND CHOSEN
CORNERSTONE
1 Peter 2:6

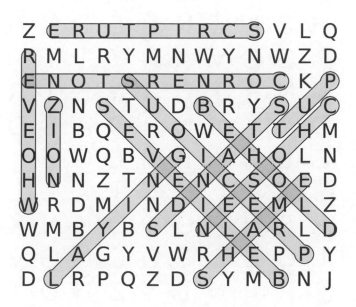

OVERSEER OF SOULS
1 Peter 2:24-25

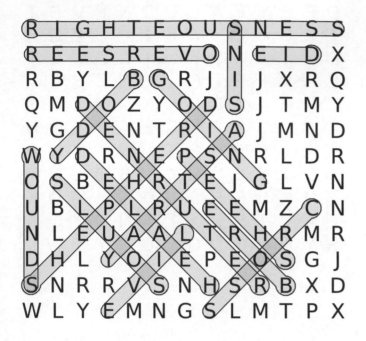

CHIEF SHEPHERD
1 Peter 5:2-4

THE WORD OF LIFE
1 John 1:1

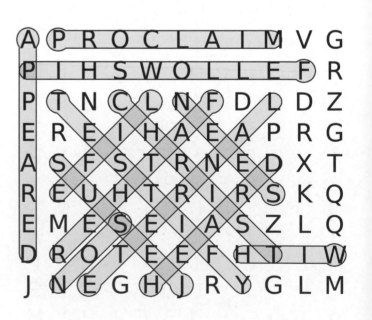

THE ETERNAL LIFE
1 John 1:2-3

OUR ADVOCATE
1 John 2:1

DESTROYER OF THE DEVIL'S WORK
1 John 3:7-8

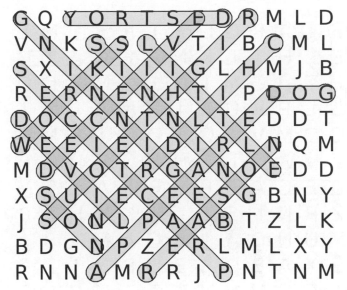

SACRIFICE FOR OUR SINS
1 John 4:9-10

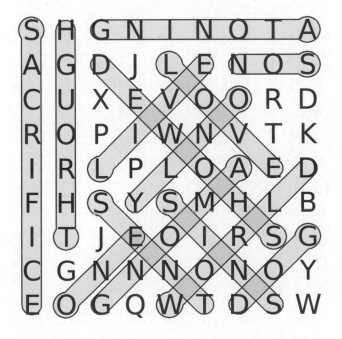

THE FAITHFUL WITNESS
Revelation 1:4b-5a

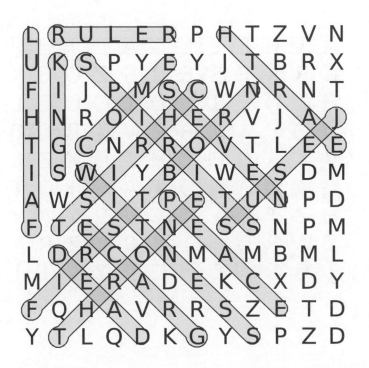

FIRST AND LAST
Revelation 1:16b-17

THE LIVING ONE
Revelation 1:18-19

HOLDER OF THE KEY OF DAVID
Revelation 3:7

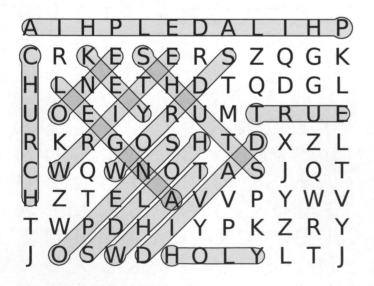

THE AMEN
Revelation 3:14

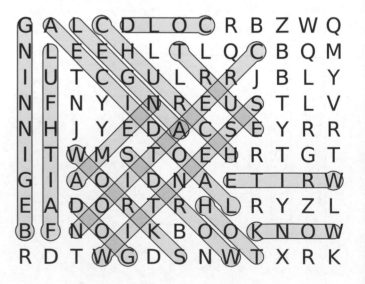

VICTORIOUS ONE
Revelation 3:21-22

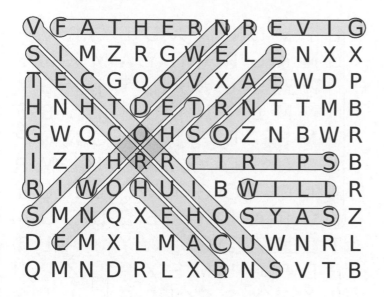

```
V F A T H E R N R E V I G
S I M Z R G W E L E N X X
T E C G Q O V X A E W D P
H N H T D E T R N T T M B
G W Q C O H S O Z N B W R
I Z T H R R T I R I P S B
R I W O H U I B W I L D R
S M N Q X E H O S Y A S Z
D E M X L M A C U W N R L
Q M N D R L X R N S V T B
```

THE LION OF THE TRIBE OF JUDAH
Revelation 5:5

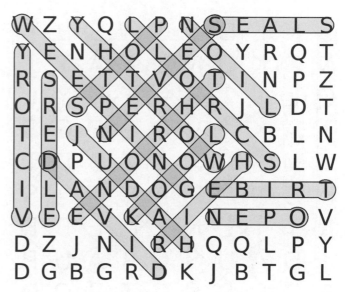

```
W Z Y Q L P N S E A L S
Y E N H O L E O Y R Q T
R S E T T V O T I N P Z
O R S P E R H R J L D T
T E J N I R O L C B L N
O D P U O N O W H S L W
C I L A N D O G E B I R T
I V E E V K A I N E P O V
D Z J N I R H Q Q L P Y
D G B G R D K J B T G L
```

WORTHY LAMB
Revelation 5:11b-12

```
B M M E Z P J N E L D J P M
L Q G L O R Y C M E S J J Z
E M B D P R I O R E E B Q J
S A Y E J O D E R N M T B L
S N L R V S T U O Y Y L Y M
I G A S I H T R Z H Y J N N
N E M W G A H P T R R D B J
G L B U E T D R W E A L T H
R S A R M K O S W M I G H T
Y L C D B W H O N O R V D J
S L N L Y P P P P M P T Y J
```

LAMB
Revelation 13:7-8

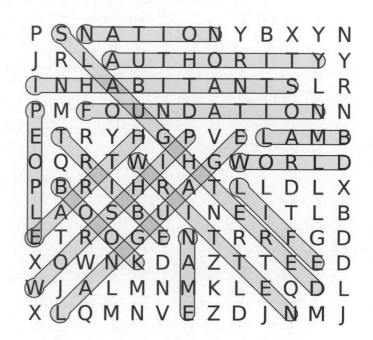

```
P S N A T I O N Y B X Y N
J R L A U T H O R I T Y Y
I N H A B I T A N T S L R
P M F O U N D A T I O N N
E T R Y H G P V E L A M B
O Q R T W I H G W O R L D
P B R I H R A T L L D L X
L A O S B U I N E I T L B
E T R O G E N T R R F G D
X O W N K D A Z T T E E D
W J A L M N M K L E Q D
X L Q M N V E Z D J N M J
```

KING OF THE NATIONS
Revelation 15:3

LORD OF LORDS
Revelation 17:14

FAITHFUL AND TRUE
Revelation 19:11

THE WORD OF GOD
Revelation 19:12-13

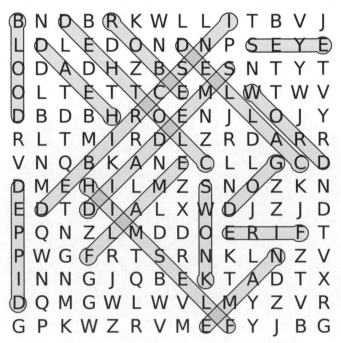

THE ALPHA AND THE OMEGA
Revelation 22:12-13

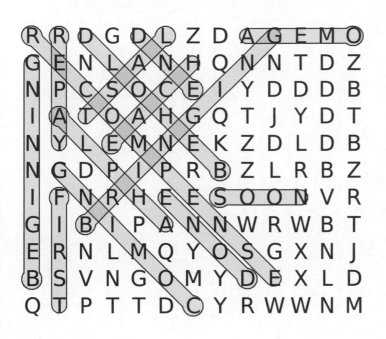

TREE OF LIFE
Revelation 22:14-15

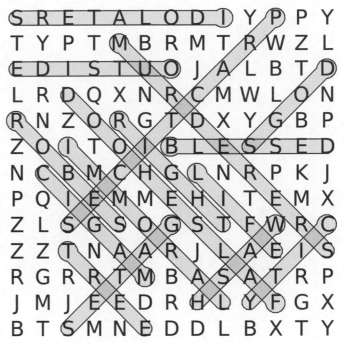

BRIGHT MORNING STAR
Revelation 22:16

ALSO AVAILABLE

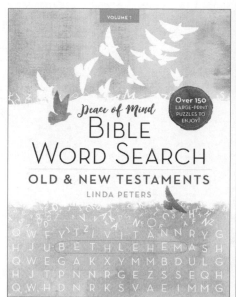

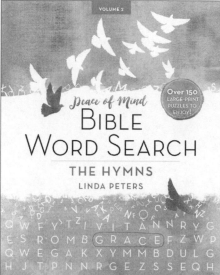

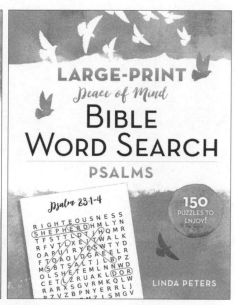

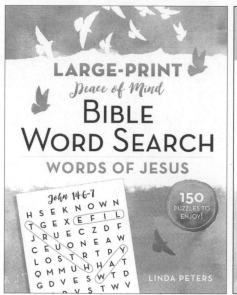

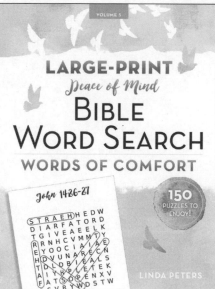

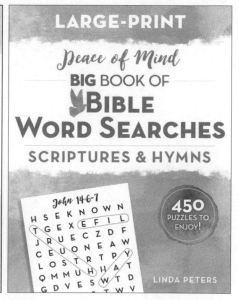